당신께 드립니다

『숨 쉴 줄 아십니까』가 당신에게
건강과 행복의 씨앗이 되기를.

이것이 당신과 세상에 보내는
저의 뜻입니다.

_____ 님께 드립니다

초판 1쇄 인쇄 · 2014년 03월 24일
초판 4쇄 인쇄 · 2021년 11월 18일

지은이 · 민 수 식
펴낸이 · 이 승 훈
펴낸곳 · 해드림출판사
　　주　소 · 서울 영등포구 문래동1가 39번지 센터플러스 1004호
　　전　화 · 02-2612-5552
　　팩　스 · 02-2688-5568
　　e-mail · jlee5059@hanmail.net

등록번호 · 제387-2007-000011호
등록일자 · 2007년 5월 4일

* 책값은 표지에 있습니다.
* 잘못된 책은 바꿔 드립니다.

ISBN 979-11-5634-012-6

ALL THAT BREATHE

동서고금의
호흡을 집대성한
올댓브리드

숨
쉴 줄
아십니까

민수식 지음

누구나 쉽게 따라할 수 있는
건강호흡의 지침서
호흡을 알고나면 인생이 달라진다

☀ 해드림

「숨 쉴 줄 아십니까」를 펴내면서

호흡은 생명이다. 생명의 신비는 호흡 속에 있다. 숨쉬기는 삶 그 자체, 즉 삶의 본질이다. 인생은 첫 호흡으로 시작하여 마지막 호흡으로 끝난다. 그러나 우리가 삶을 어떻게 가치 있게 살아가느냐의 문제는, 처음과 마지막 호흡 사이에서 어떻게 숨을 쉬는가에 달려있다. 이처럼 호흡은 건강한 삶과 행복을 실현하는데 필요한 새로운 블루오션이다.

호흡은 기적이다. 호흡은 우리가 마시는 공기를 기적의 에너지로 바꾸어 준다. 호흡으로 당신 자신을 바꿀 수 있고, 지쳐있는 몸과 마음을 치유할 수도 있다. 호흡을 극복하지 않고는 아무것도 극복할 수 없다. 부분적인 호흡으로는 부분적인 인생밖에 살 수 없다. 자신을 다스리기 위해서는 반드시 자신의 호흡을 다스릴 줄 알아야 한다.

모든 힘은 우리의 내면에서 나온다. 바르게 호흡하고 바르게 생각하기 시작하는 순간, 내면의 뭔가가, 내면에 깃들인 '이 세상보다 더 큰 힘'이 드러나기 시작한다. 호흡의 내적에너지는 온몸으로 퍼져나가 지친 몸에 활력을 불어넣을 뿐만 아니라, 영적으로도 개안이 되어 자신의 참모습을 바르게 바라볼 수 있다.

호흡에 대한 관심은 최근에 이르러 급격히 증가하고 있다. 일상생활 속에서 지친 몸과 마음을 치유할 목적으로, 또는 100세 시대를 맞이하여 건강하고 행복한 노후의 삶을 영위하기 위하여 호흡을 찾고 있다. 각종 공공기관과 기업의 인재 양성 프로그램에도 호흡은 이제 필수 과정이 되어버렸다. 건강호흡에 대한 의학적인 실험과 연구에 힘입어 호흡이 많은 사람들의 입에 회자되고 있다.

그러나 일반 사람들이 바른 호흡법을 학습할 기회가 현실적으로 많지 않다. 바쁜 생업에 종사하면서 시간을 내기가 힘들 뿐만 아니라, 어떤 호흡을 선택해서, 어떻게 자기 몸에 부작용 없이 익힐 수 있을지에 대한 정보와 교육도 부족하다.

이에 필자는 호흡에 대하여 전혀 문외한인 사람들도 호흡을 바르게 이해하고 쉽게 따라할 수 있는 「바른숨」 모델을 체계화하여 소개하고자 한다.

「바른숨」은 동서고금의 문헌과 기록을 수집하여 집대성하였고, 세계 20대 호흡 구루들이 전해주는 건강호흡의 핵심 원리를 체계화함으로써 호흡에 관한 모든 것을 '정확히' 수용했다.

또한 세계 여러 나라에서 실시한 건강호흡에 대한 연구와 실험, 옛 선조들의 수련 방법, 호흡 및 의학 전문가들의 지도, 수련생들의 의견 수렴 등 많은 검증을 거침으로써 모델의 '과학성'을 최대한으로 높였다.

「바른숨」은 어떤 특정한 수련 단체에서 지도하는 호흡을 단순히 소개한 것이 아니다. 동서양의 여러 건강호흡법에서 공통적으로 활용하고 있는 호흡의 원리를 발췌하여 치우침 없이 체계화한 가장 기본적인 모델이다. 종교, 사상, 이념, 교리를 초월하여 여러분의 호흡을 만들어가는 데 있어 좋은 가이드가 될 수 있을 것이다. 스포츠, 걷기, 등산, 산림욕은 물론, 기도, 명상, 선, 요가, 기공, 대체의학 등에서 '보편적'으로 활용할 수 있다.

어려운 전문용어를 사용하거나 추상적이고 현학적인 표현은 가능한 지양하고, 일상적인 생활 용어를 사용함으로써 남녀노소 구분 없이 누구나 '쉽게' 이해하고 따라할 수 있도록 하였다.

이 책의 목적은 호흡을 바르게 함으로써 육체적, 정신적, 사회적, 영적으로 건강한 전인격적인 사람이 되게 하는 매뉴얼을 제시하는데 있다. 「바른숨」을 통해 마음이 바로 서면 골상이 바뀌고, 골상이 바뀌면 관상이 변하고, 관상이 변하면 운명이 바뀌어 인생이 달라진다.

필자 역시 아직 배움의 길에 있기 때문에 글을 쓰면서도 행여 호흡의 길을 바르게 가고 있는지에 대하여 끝없는 반성과 성찰을 반복하면서 채찍을 가했다. 필자의 능력의 한계로 재미나는 수사적 표현이나 논리적인 구성이 다소 미흡할 것이다. 그러나 진실을 진실대로 전달하고자 기도하는 심정으로 한 글자 한 구절에 우주의 기운을 담았다. 이 책이 한 번 읽혀지고 마는 책이 아니라, 살아가면서 항상 당신 곁에서, 당신과 함께 호흡하면서, 서로 느낄 수 있는 벗이 되었으면 좋겠다.

이 책은 실천하는 데 의미가 있다. 호흡은 머릿속으로 하는 것이 아니라 몸으로 체화시켜야 하기 때문이다. 쉽게 자세히 설명하려고 노력했지만 그래도 부족한 점이 많을 것이다. 이 책의 내용과 관련하여 의문이 있거나 보충 설명이 필요한 경우는 바른숨국민운동본부(http://blog.naver.com/knowbreath), 사이버 호흡아카데미

(http://cafe.naver.com/knowbreath)에서 각종 자료와 동영상으로 확인할 수 있다.

이 책을 통해 여러분의 아랫배에는 정 에너지가 충만하고, 가슴에는 세상에 대한 사랑을 품고, 머릿속에는 하늘의 뜻을 담은, 당신이 그토록 염원했던 미래의 당신을 완성해 나가기 바란다.

강원도 노추산 이성대 선가에서 50년을 수련하시고, 서울 관악산 암자에서 10년을 기도생활로 보내시면서 필자에게 우주관과 인생행로(道)을 전해주신 故 鑑修印 朴宰洛 선생님께 감사한 마음으로 이 글을 드립니다.

2014. 03

바른숨국민운동본부
회장 민수식 배상

목차

제2부 바른숨 몸에 익히기

목차

제3부 생활 속의 바른숨

제4부 바른숨의 응용

제1부

숨 이야기

자신을 다스리려면,
자신의 호흡을 다스려라.

1. 호흡은 생명이다

숨
쉴 줄
아십니까

호흡은 생사와 건강의 척도이다

"And the Lord God formed man of the dust of the ground, and breathed into his nostrils the breath of life; and man became a living soul."

"여호와 하나님이 흙으로 사람을 지으시고 생기를 그 코에 불어 넣으시니 사람이 생령(살아있는 영)이 된지라."

구약성경 창세기 2:7

"When you can't breathe, Nothing else matters."

"숨을 쉴 수 없을 때는, 모든 것이 끝나게 된다."

미국 폐협회(The American Lung Association)

호흡은 숨을 마시고 내쉬는 행위이다. 호흡은 대기 중의 산소 뿐만 아니라 우주의 신선한 기운을 몸속에 공급하기에 사람의 생명을 유지하기 위한 필수 행위이다.

호흡은 사람의 생사를 가름하는 열쇠다. 인간이 먹는 음식은 며칠씩 굶어도 생명을 유지할 수 있으나, 호흡은 단 몇 분만 중단하여도 생명이 끊어진다. 그리고 호흡은 건강의 척도다. 몸에 어떤 병이 진전되면 가슴이 답답해지고 숨이 고르지 못하다. 그래서 호흡을 살펴보면 자신의 건강상태를 알 수 있다.

"부분적인 호흡으로는 부분적인 인생밖에 살 수 없다."

서양 속담

인체가 필요로 하는 생명의 에너지는 우리 몸의 정(精)으로부터 나온다. 정은 쌀 미(米)와 푸를 청(靑)의 합자이다. 미(米)는 땅에서 나오는 에너지인 음식물이고, 청(靑)은 하늘에 있는 에너지인 공기를 말한다. 따라서 건강하기 위해서는 먹는 것 못지않게, 숨을 바로 쉴 줄 알아야 한다. 아무리 좋은 음식으로 양질의 영양분을 많이 섭취한다 해도 숨 쉬는 방법이 바르지 못하면 건강을 이룰 수 없다.

우리의 선조는 예부터 호흡을 중시해 건강을 지키고, 마음을 다스리는 방편으로 이용해왔다. 실제로 선사시대의 토기에 사람이 거북처럼 호흡하는 모습이 새겨져 있고, 옛 성인들의 초상화에 아랫배가 불룩하게 나와 있는 것을 볼 수 있다. 이것은 호흡을 조절해 건강하게 장수하려는 선조들의 지혜가 아니겠는가?

"We know that life begins with the first breath and ends with the last. But it is how we breath in between the first and the last that greatly impacts how well we live this life."

"인생은 첫 호흡으로 시작하여 마지막 호흡으로 끝난다. 그러나 우리가 삶을 어떻게 가치 있게 살아가느냐의 문제는, 처음과 마지막 호흡 사이에서 어떻게 숨을 쉬는가에 달려있다."

낸시 지(Nancy Zi, 1930~), 「The Art of Breathing」, 미국

숨쉬기를 잘하면 몸과 마음을 다스려 건강하고 행복하게 살아갈 수 있다. 숨을 바르게 쉰다는 것은 숨을 깊게, 그리고 천천히 쉬는 것이다. 숨을 바르게 쉬면 숨과 함께 우주의 에너지가 몸속으로 들어와 우리 몸을 활기차게 한다. 건강한 몸은 물론 마음도 편안해지고, 사회생활에서도 조화로우며, 밝고 맑은 기운으로 가득 채워져 지덕체를 갖춘 완전한 인격체가 이루어진다.

그런데 이렇게 중요한 숨쉬기를 바르게 이해하고 실천하고 있는 사람이 그리 많지 않다. 숨을 쉬면 몸속에 산소가 들어오고, 이산화탄소가 밖으로 빠져나간다는 사실은 학교 다닐 때부터 배워 잘 알고 있다. 그러나 숨과 함께 우주의 에너지가 몸속으로 들어오고, 몸 안의 탁한 에너지가 밖으로 빠져나간다는 사실은 잘 모른다. 숨은 단순한 공기의 출입뿐만 아니라, 우주의 생명 에너지가 드나드는 과정임을 아는 것이 호흡 이해하기의 첫걸음이다.

우리는 한라산의 맑은 공기를 캔에 담아 공기가 맑지 않은 곳에서 들이마시기도 하고, 웰빙(참살이) 가전인 공기청정기를 집 안에 두고 맑게 걸러낸 공기로 호흡하기도 한다. 그러나 몸속에서 일어나는 숨쉬기를 잘 조절해 건강하고 행복한 삶을 살아가겠다는 생각은 미처 하지 못한다. 맑은 공기도 중요하지만, 공기 속의 생명 에너지를 몸 안에 받아들이는 호흡의 소프트웨어적인 측면에 눈 뜰 필요가 있다. 눈에 보이거나 손에 잡히는 외양만이 전부는 아니다. 단순히 생리 활동으로 숨을 들이마시고 내뱉는 하드웨어적인 측면이

아니라, 공기 속 에너지를 몸 안에 담아내는 호흡의 숨겨진 기능에 이제라도 관심을 기울여야 한다.

숨이 길어야 건강하게 오래 산다

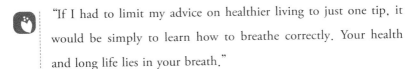

"If I had to limit my advice on healthier living to just one tip, it would be simply to learn how to breathe correctly. Your health and long life lies in your breath."

"보다 건강한 삶을 위해 나에게 조언 한 가지만 부탁한다면, 숨쉬기를 바르게 하라는 것이다. 사람의 건강과 장수는 그대의 호흡에 달려있다."

앤드루 웨이(Dr. Andrew Weil, 1942~), 의학박사, 미국

호흡과 수명과의 관계를 알면 호흡에 관한 생각이 달라진다. 호흡의 길이는 수명과 밀접한 관계가 있다. 대체로 숨을 천천히 길게 쉬는 동물이 건강하고 오래 산다. 숨을 한 번 마시고 내쉬는 데 걸리는 시간은, 개가 0.6~0.7초, 사람은 4~5초, 거북은 20~30초인데 개의 수명이 10~15년, 사람은 80~100년, 거북은 250~300년이다. 이처럼 호흡의 길이가 길수록 수명도 길어진다. 사람도 호흡을 길게 천천히 하면 건강하게 오래 살 수 있다는 뜻이다.

"바다의 밀물과 썰물은 천지의 호흡으로 하루 두 번 오르내리지만, 사람은 하루에 약 2만 번 숨을 쉰다. 그래서 천지의 수명은 오래가고 끝이 없지만, 사람의 수명은 아무리 길어도 100세를 넘지 못한다. 천지의 호흡을 본받아 고요하고 길게 호흡하면, 몸속 깊이 기운이 스며들게 돼 절로 무병장수하게 된다."

숨
쉴 줄
아십니까

동의보감

　　보통 성인 남성이 한 번 숨 쉬는 데 걸리는 시간을 4~5초로 보면, 1분 동안 12~15번, 1시간 동안에는 약 900번, 하루에는 약 2만 번 숨을 쉬는 셈이다. 이런 식으로 90세까지의 호흡수를 계산하면 약 7억 번이다. 즉 인간이 태어나 7억 번가량 숨을 쉬면 생을 마감한다고 볼 수 있다.

　　호흡의 횟수는 은행의 잔고와 같이 신으로부터 누구에게나 주어진 생명의 잔액이다. 호흡을 빨리하는 사람은 생명의 잔액이 그만큼 빨리 줄고, 천천히 하는 사람은 잔액이 천천히 줄어든다. 즉 사람마다 평생 쉴 수 있는 호흡수가 정해졌기에 숨을 빨리 쉬면 그만큼 생명이 짧아지고, 천천히 쉬면 오래 살 수 있다는 뜻이다.

　　동물 가운데 오로지 인간만이 호흡을 조절할 수 있는 능력이 있다. 그래서 인간은 예부터 오래 사는 동물의 호흡을 관찰해, 깊고 길게 숨을 쉼으로써 건강하게 수명을 늘리는 방법을 알았다. 동양의 기공계에서는 호흡을 잘 조절하면 수명이 20년 정도 건강하게 연장할 수 있다고 보고 있다.

　　동물은 성장기의 5배 가량 살 수 있다. 개는 성장 기간이 3년이므로 약 15년 살 수 있다. 인간의 성장 기간은 25년이다. 따라서 사람은 약 125세까지 살 수 있다. 현재 사람의 평균 수명이 약 80세인 것을 고려하면 앞으로도 인간의 수명은 계속 연장될 것이다. 호흡을 통해 몸과 마음을 잘 다스리면, 적어도 100세까지는 건강한 삶을 누릴 수 있다.

숨의 길이가 우리의 몸과 마음에 영향을 주는 것은 의학적으로도 입증되고 있다. 숨을 천천히 길게 쉬면 우리 몸의 이완 반응을 주도하는 부교감신경을 자극해, 일상에서 받는 스트레스가 줄고 마음이 안정된다. 그러나 숨을 빨리 쉬면 혈중 이산화탄소의 농도가 지나치게 낮아져 혈관이 수축하고, 몸과 뇌에 보내는 산소의 양이 줄면서 건강을 해쳐 수명을 단축하는 요인으로 작용한다.

"사람은 1분에 6번 호흡하는 것이 좋다. 1분에 12~15번씩 빠르게 호흡을 하면, 몸속에 산소가 부족해 신진대사 기능이 떨어지기 때문에, 여러 가지 건강상의 문제를 일으킨다. 그러나 호흡을 천천히 길게 하면 몸속의 산소 농도가 짙어지기에, 소화 기능의 자극에서부터 육체·정신 활동에 이르기까지 건강을 도모할 수 있다."

베르나르디(L.Bernardi), 의학박사, 이탈리아

지금 바로 고요하게 눈을 감고 아랫배에 의식을 집중해 숨이 들어오고 나가는 것을 느껴보자. 1분 동안 자신의 호흡수를 헤아려보자. 숨을 마시고 내쉬면서 1번, 마시고 내쉬면서 2번, 마시고 내쉬면서 3번. 이렇게 헤아린다. 그래서 1분 동안에 12~15번이면 보통이고, 그 이상이면 숨이 빠른 편으로 생명의 잔액을 고갈하게 하고 있으며, 그 이하이면 숨을 천천히 쉬면서 생명의 잔액을 잘 관리하고 있다는 뜻이다.

숨을 천천히 쉬게 하는 가장 좋은 방법은 자신의 호흡을 의식하는 것이다. 자신의 숨결을 생각하면서 숨을 쉬면 호흡이 느려진다. 호흡의 길이를 두 배로 늘려보자. 5초 동안에 천천히 숨을 마시

고, 5초 동안 천천히 내쉰다. 단 몇 분 동안이라도 이렇게 호흡에 집
중해 천천히 숨을 쉬면, 가슴이 후련하고 마음이 편안해지면서 몸이
이완되고 자연치유됨을 느낄 수 있을 것이다. 단순히 숨을 느리게
쉬는 것만으로도 건강하고 활기찬 생활을 보장받을 수 있다.

인생의 여정은 호흡의 여정과 같다

 "숨쉬기는 한마디로 삶 그 자체, 즉 삶의 본질이다"

서양 속담

사람의 호흡을 보면 재미나는 법칙을 발견할 수 있다. 사람은
태어나 태아 숨쉬기로 시작해, 아랫배 숨쉬기 → 윗배 숨쉬기 → 가
슴 숨쉬기 → 어깨 숨쉬기 → 목구멍 숨쉬기를 거쳐 삶을 마감한다.
사는 동안에 숨 쉬는 중심점이 아랫배로부터 위로 목구멍까지 올
라간다.

태아는 어머니 뱃속에서 입이나 코로 호흡하지 않고, 탯줄로
숨기운을 받는다. 세상에 태어나 탯줄이 끊어지면 비로소 "으앙" 하
는 첫 울음소리와 함께 양수를 토해내며 날숨(呼)으로 인생을 시작
한다. 그리고 배꼽 아래 부위를 깊숙이 볼록거리며 아랫배 호흡을
시작한다. 이것이 바로 인간이 본래부터 타고난 가장 자연스러운 호
흡이며, 바른숨의 표본이다. 갓난아이 때는 아랫배를 부풀려 폐의
아랫부분까지 공기가 충분히 들어올 수 있도록 호흡한다. 조금만 관
심을 기울여 갓난아이를 관찰하면 쉽게 확인할 수 있다.

아기 때는 숨을 쉴 때 공기가 폐 아랫부분까지 충분히 들어올

뿐만 아니라, 우주의 기운도 숨결을 따라 아랫배를 거쳐 발끝까지 내려온다. 그래서 아기들은 항상 생명력이 넘쳐흐르고, 한겨울에 맨발로 다녀도 추위를 타지 않는다. 발에 기운이 많이 모여 있어 따뜻하기 때문이다.

아기가 자라면서 청년기가 되면 숨쉬기의 중심점이 점점 위로 올라간다. 청년기 때는 바깥세상에 적응하는 과정에서 긴장과 스트레스를 받고, 부모로부터의 꾸중과 체벌이 두려워 숨을 죽인다. 이러한 것이 아랫배를 경직시켜 윗배 쪽으로 숨쉬기의 중심점이 올라가게 한다. 허리를 날씬하게 가꾸기 위해 허리띠를 조여 매는 것도 호흡이 점점 올라가게 만드는 요인이 될 수 있다.

어른이 되면 더욱 육체적인 고통과 감정적인 상처에 노출된다. 이에 따라 배의 근육이 더욱 굳어지면서, 숨쉬기의 중심점이 가슴으로 올라간다. 이 단계에서는 폐의 윗부분으로만 숨을 쉬기 때문에 숨을 쉴 때마다 가슴이 움직이고, 인체는 만성적인 산소 부족에 놓여 호흡이 빨라지기 시작한다. 숨기운도 아래로 내려가지 못하고 가슴에 맺히기 때문에 가슴이 답답해진다.

장년을 지나 노년기가 되면 숨쉬기의 중심점이 점점 더 위쪽으로 옮겨간다. 이때는 숨을 쉴 때 어깨가 들썩일 정도로 불안정하다. 기운도 머리 쪽에 몰려 머리가 복잡하다. 정기가 쇠잔해지면서 호흡도 거칠어진다. 삶을 마무리할 때가 되면 숨 쉬는 중심점이 점점 목구멍 쪽으로 올라오면서, 마침내 숨을 몰아쉬고 생명을 마친다.

이처럼 사람은 숨쉬기의 중심점이 아랫배에서 시작하여 윗배와 가슴을 지나 어깨와 목구멍 쪽으로 올라오면서 삶을 마감한다. 그래서 자기의 인생 여정이 어디까지 왔는지를 확인하려면, 숨쉬기

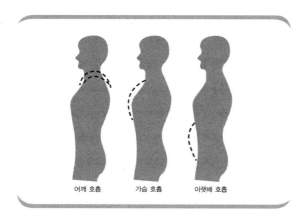

그림 1-1 어깨 호흡, 가슴호흡, 아랫배 호흡

의 중심점이 어디에 있는지를 살펴보면 된다. 지금 바로 당신의 숨
쉬기의 중심점을 확인할 수 있다. 한 손은 가슴에 얹고, 다른 손은
배에 얹는다. 고요하게 눈을 감고 깊게 그리고 천천히 숨을 쉰다. 숨
을 쉴 때 어느 손이 더 많이 움직이는지 확인한다. 가슴에 얹힌 손이
많이 움직이면 당신의 호흡은 가슴까지 올라와 있는 것이다. 물론
인생의 여정도 그만큼 달려왔다는 의미이다.

그런데 세월의 흐름에 따라 올라가는 숨쉬기의 중심점을 일
부러 아래로 내리면 어떻게 될까? 다행히 우리 선조들은 호흡의 중
심점을 의식적으로 아래로 내려 인생 여정의 속도를 늦추는 방법을
알았다. 옛 성인이 임종의 순간까지 한 치의 헝클어짐이 없이 삶을
마감할 수 있었던 것은 올라가는 숨쉬기의 중심점을 아래로 내릴 수
있었던 덕분이다.

평범한 사람도 누구나 숨쉬기를 바르게 하면 그렇게 될 수 있
다. 올라가는 숨쉬기의 중심점을 거꾸로 아랫배 쪽으로 내려, 건강
한 삶을 만드는 것이 바른숨의 핵심이다. 만약 당신이 지금 가슴으

로 호흡을 하고 있다면, 지금 이 글이 당신을 아랫배 호흡으로 인도
해줄 것이다. 이 책 속에서 당신의 인생 여정을 거슬러 올라가는 비
밀을 발견하기 바란다.

건강의 비결은 호흡 속에

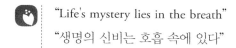

"Life's mystery lies in the breath"
"생명의 신비는 호흡 속에 있다"

데니스 레위(Dennis Lewis),「The Tao of Natural Breathing」, 미국

숨 쉬는 모습을 보면 그 사람의 건강이 보인다. 건강한 사람
은 숨이 깊고 느리며, 병약한 사람은 얕고 빠르다. 이처럼 숨 쉬는
습관과 건강은 밀접한 관련이 있다. 병약한 사람도 숨을 깊고 느리
게 바꾸면 건강을 회복할 수 있다.

"건강이란 다만 육체적으로 질병이나 허약함이 없는 상태일 뿐만
아니라, 정신적 · 사회적 · 영적으로도 완전히 안녕한 상태에 놓여
있는 것을 말한다."

세계보건기구헌장(WHO)

사람이 완전한 건강을 이루기 위해서는 육체적인 강건함은
물론, 정신적으로도 안정되어 있어야 한다. 다른 사람과 조화롭게
사회생활을 하고, 영적으로도 충만하여 항상 밝고 즐거워야 한다.
숨을 바르게 쉬면 충분한 산소를 마시기 때문에, 몸속의 체지방과

불순물을 완전히 연소시키고 신진대사를 원활히 하여, 몸 전반의 건강을 한 차원 높일 수 있다. 정신적으로도 안정되어, 마음이 밝고 넓어지면서 고매한 인품이 길러진다. 사사로운 감정에 쉽게 흔들리지 않고 슬기롭게 세상을 살아가는 능력이 생기기 때문에 사회생활도 언제나 조화롭다. 호흡은 인간의 내면의 본질에 관심을 갖게 하므로 사람이 본래부터 가지고 있는 영적인 능력이 깨어난다. 그리고 우리 몸속에 잠재된 에너지를 일깨워 인간의 능력을 무한하게 확장할 수 있다. 이와 같이 숨쉬기를 바르게 하면 육체적, 정신적, 사회적, 그리고 영적으로 건강한 전인격적인 사람으로 변한다.

 "병을 치료하는 것 못지않게 병에 걸리지 않게 하는 것이 진정한 의학이다. 지금까지 의사들은 병을 치료하는 데 초점을 맞추었다. 그러나 앞으로는 환자들이 병에 걸리기 전, 즉 '미병(未病)'의 단계에서 병을 미리 방지하여 건강과 장수를 유지하게 하는 데 관심을 가져야 한다."

하루야마 시게오, 「뇌내혁명」, 일본

인체의 자율신경에는 교감신경과 부교감신경이 있다. 숨을 마시면 교감신경이 활성화되어 모든 조직이 긴장하고 힘이 생긴다. 반대로 숨을 내쉬면 부교감신경이 자극을 받아 몸이 이완되고 긴장이 해소된다. 일상생활이나 운동을 할 때도 이러한 호흡의 원리를 잘 이용하면 유익하다. 무거운 짐을 들 때 아랫배에 숨을 마신 후 힘을 주면, 몸이 긴장된 상태이기 때문에 허리에 무리가 없다. 그러나 배에 힘을 빼고 무의식중에 물건을 들면, 몸이 준비되지 않은 상태이므로 자칫 허리가 상하게 된다.

무술의 고수가 상대를 대적할 때도 상대의 호흡을 읽는다. 상대가 숨을 내쉬는 동안에 급소를 공격하여 제압하는데, 이것은 호흡의 원리를 잘 이용하는 경우이다. 벽돌을 깨는 경우도, 숨을 마셔 근육에 힘이 생기게 한 후, 순간적으로 숨을 내쉬면서 힘을 최대한으로 발휘하여 가격한다.

마라톤이나 씨름 선수는 물론이고, 시위를 당기는 양궁 선수에 이르기까지 호흡을 활용하지 못하면 좋은 성적을 낼 수 없다. 호흡은 우리 몸의 건강과 직결되어 있을 뿐만 아니라, 우리 몸의 한계를 극복하기 위해서도 꼭 다스려야 할 대상이다.

마음은 호흡으로 다스려야

"When the breath wanders, the mind is unsteady, but when the breath is still, so is the mind still."

"숨결이 고르지 못하면, 마음도 고르지 못하다. 그러나 숨결이 고요하면, 마음도 고요해진다."

하타요가 교범(Hatha Yoga Pradipika), 인도

옛 어른들은 감정적인 위기나 신체적인 고통을 당한 순간에 "숨을 깊게 쉬면서 자신을 다스려라."는 말씀을 하셨다. 호흡을 통하여 얻을 수 있는 것 중에 중요한 것은 마음을 다스릴 수 있다는 사실이다. 숨 쉴 식(息)자는 원래 자신(自)의 마음(心)을 다스린다는 뜻이다. 선조들의 지혜를 엿볼 수 있는 글자이다. 호흡은 단순히 육체적인 건강을 넘어, 마음 다스리기를 포함한 총체적인 인간 완성에

이르는 길이다.

신라의 물계자(物稽子, 신라 10대 나해왕 때의 선인)는 화랑도를 바르게 이끈 큰 스승이었는데, 그가 화랑에게 던진 첫 질문은 "숨 쉴 줄 아느냐?"였다. 숨을 바르게 쉴 줄 아는 사람은 마음이 바로 선 사람이라는 뜻이다. 호흡을 바르게 하면 마음의 문이 열리면서 생각이 깊어지고 여유와 포용력이 생긴다.

사람의 마음과 호흡은 상호 간에 영향을 미친다. 마음에 따라 호흡의 깊이와 속도가 달라지고, 호흡의 양태에 따라 마음이 변한다. 호흡 시스템은 인체의 지각 신경과 연결되어 있기 때문에, 우리가 오감을 통해서 느끼는 자극이 바로 호흡의 깊이와 속도에 영향을 준다. 예를 들어 지극히 아름다운 광경을 마주치게 되면, 순간적으로 호흡이 멎을 수도 있다. 고통과 긴장 그리고 스트레스는 호흡을 얕고 빠르게 만든다. 화가 나거나 불안하고 긴장되면, 호흡이 빠르고 거칠어진다. 그러나 마음결이 곱고 편안한 사람은 호흡도 부드럽고 편안하다. 천진난만한 어린 아이는 아랫배로 볼록거리며 편안하게 숨을 쉰다. 아이들은 마음의 바탕이 항상 맑고 깨끗하기 때문이다.

호흡은 마음을 움직인다. 호흡을 하면 마음의 밭이 선하게 변한다. 즉 심전선화(心田善化)가 이루어진다. 호흡을 바르게 열심히 해 본 사람은 호흡의 심전선화를 경험할 수 있다. 숨결이 고요하면 마음도 고요하고, 숨결이 거칠면 마음도 거칠어진다. 숨쉬기를 깊고 부드럽게 천천히 할 수 있다면, 마음도 깊고 느긋하게 된다. 자기의 호흡을 비단결처럼 매끄럽게 할 수 있다면, 자기 마음도 비단결처럼 부드럽게 된다. 호흡을 통해 마음을 갈고 닦으면 진정한 마음의 평안을 맛볼 수 있다. 인간관계와 일상의 생활에서 겪는 스트레스가 풀리고 갈등이 해소된다. 바른숨을 통해 마음이 선해지면 골상이 바뀌고, 골상이 바뀌면 관상이 변하고, 관상이 변하면 운명이 바뀌어 인생이 달라진다. 그래서 호흡을 제대로 활용하면 자기의 운명을 바꾸고, 더 나아가 지천명(知天命)의 경지에도 도달할 수 있다.

호흡은 말도 아름답게 만든다. 말의 그릇은 마음이고, 마음의 그릇은 기운이다. 기운은 호흡과 함께 우리 몸으로 들어온다. 따라서 호흡을 제대로 다스리게 되면 기운이 쌓이고, 마음이 깊어지고, 우리가 다른 사람에게 일상적으로 하는 말도 아름다워진다.

자신을 제대로 바라볼 겨를도 없이 바쁜 나날을 보내고 있는 현대인들은 호흡으로 마음을 바르게 다스리는 지혜가 무엇보다 필요하다. 수명 100세 시대에 즈음하여 노후 건강과 의료 문제도 해결할 수 있다. 초등학교 때부터 체계적으로 호흡을 가르친다면 육체적인 강건함은 물론 정신적으로도 안정된 전인격적인 인재를 키울 수 있을 것이다. 숨쉬기에 대한 관심이야말로 아무리 강조해도 지나칠 리가 없다.

호흡의 교정이 최고의 보약

"평소에 호흡하는 습관을 잘못 들이면, 몸이 긴장하고 피로가 쌓여 신체적인 활동이 활발하지 못하여 각종 질병에 노출된다. 그러나 잘못된 호흡의 습관을 바르게 교정하면, 긴장과 스트레스가 해소되고 몸속의 에너지 흐름이 원활하게 되어 건강이 회복된다."

낸시 지(Nancy Zi, 1930~), 「The Art of Breathing」, 미국

호흡의 교정? 평생 해오던 호흡을 바꾸라고? 틀림없이 생뚱맞게 들릴 수 있다. 그러나 많은 사람들이 자신도 모르게 숨을 잘못 쉬고 있기 때문에 자신의 호흡을 진단해서 바르게 교정해 줄 필요가 있다.

숨을 마실 때 아랫배를 밖으로 내밀고, 숨을 내쉴 때는 아랫배를 안으로 당기는 것이 바른 호흡법이다. 아랫배를 내밀면 폐의 용적이 커지면서 공기가 저절로 들어오고, 아랫배를 안으로 당기면 폐의 용적이 작아지면서 공기가 밖으로 나가는 것이 정상적인 호흡 메커니즘이다. 아랫배를 고무풍선이라 상상하면 이해하기 쉽다. 풍선을 부풀리면 공기가 안으로 들어오고, 풍선을 압착시키면 공기가 밖으로 빠져나간다. 아랫배로 폐의 용적을 조절하면서 숨을 쉬면 공기가 코를 통해 저절로 출입을 하기 때문에 숨쉬기가 부드럽고 자연스럽게 이루어진다.

그러나 대부분의 사람들은 반대로 숨을 쉰다. 아마 이 글을 읽고 있는 당신도 그럴 수 있다. 숨을 마실 때 배를 안으로 당기면서 가슴을 내미는 경우이다. 배를 당기면서 숨을 마시면, 폐를 압착시키면서 공기를 마시는 격이다. 이는 고무풍선을 압착하면서 공기를 안으로 넣으려는 것과 같다. 이런 경우는 폐가 압착되면서 나가려는 공기의 흐름과 숨을 마시면서 들어오는 공기의 흐름이 부딪치게 되어 충돌에너지가 발생하고, 이것은 숨을 마실 때마다 우리 몸을 힘들게 한다. 그 결과 우리 몸은 항상 스트레스에 노출되어 자기도 모르는 사이에 여러 가지 병적인 현상이 나타난다.

비뚤어진 치아나 이상한 동작처럼 눈에 보이는 신체 부위나 행동은 겉으로 들어나기 때문에 교정을 받기가 쉽다. 그러나 호흡은 잘못된 습관이 눈에 보이지 않는다. 자신도 모르고 있을 뿐만 아니라 다른 사람들도 쉽게 알아차리기 힘들기 때문에 적기에 교정이 이루어지지 않는다. 잘못된 호흡이 장기간 지속되면 숨을 쉴 때마다 헐떡거리거나 여러 가지 심각한 병적인 장애를 겪게 된다. 이런 경우에도 그 장애의 원인이 바르지 못한 호흡 때문이라고는 생각하지 않는다. 이것이 더 큰 문제이다. 호흡은 본능적으로 일어나기 때문에 절대로 병의 원인이 될 수 없다고 단정해 버린다. 아주 위험한 생각이다.

숨을 쉰다는 것은 결국 신체적인 행위이기 때문에 좋지 못한 호흡 습관도 바르게 교정될 수 있다. 치아의 교정이나 얼굴의 성형은 병원에서 의사가 진단을 하고, 의사가 교정을 해준다. 그러나 호흡은 다르다. 본인이 직접 자기 호흡을 진단하고, 스스로 교정을 해야 한다. 물론 호흡 전문가가 간접적인 도움을 줄 수는 있다. 그러나 결국은 본인의 몫이다. 호흡을 정확히 진단해서 자기 호흡의 현주소를 알고, 무리하지 않게 단계적으로 조금씩 교정해 나가면, 당신의 호흡은 서서히 정상적인 호흡으로 바뀌면서 당신의 삶이 살아나기 시작할 것이다.

지금 바로 당신의 호흡에 집중하기 바란다. 아랫배를 내밀면서 숨을 마시고, 아랫배를 안으로 당기면서 숨을 내쉬는지 확인하기 바란다. 만약 반대로 하고 있다면 지금 이 순간이 호흡 교정에 들어갈 때이다. 당신의 몸에 이렇게 선언하라. '그 동안 숨 쉴 때마다 너를 괴롭히고 산소도 충분히 주지 못해 미안하다. 지금부터는 호흡을 바르게 교정해서 너를 편안하게 해주고 최고의 보약인 산소를 충분히 주겠다.'라고. 호흡을 바르게 교정해서 당신의 인생을 더욱 건강하고 윤택하게 만들기 바란다.

호흡의 르네상스가 시작되다

호흡은 동양의학과 그 원리가 같다. 동양의학에서는 약으로 우리 몸의 부족한 기운을 보충하고, 침술로 막힌 기혈을 뚫어 건강을 도모한다. 그러나 호흡은 우주에 있는 생명 에너지인 기(氣) 에너지를 숨쉬기를 통해 우리 몸에 받아들이고 심법으로 이를 전신에 유통시킴으로써 질병을 예방하고 치유한다. 우리 몸 안의 기운을 보충하고 이를 소통시켜 건강을 유지하는 원리적 측면에서는 동양의학과 호흡이 같다. 다만 동양의학에서는 약과 침술을 이용하고, 호흡은 숨쉬기를 활용하는 것이 다르다.

미국, 유럽, 러시아 등지에서는 새로운 과학적 접근 방법으로 기(氣) 에너지에 대한 연구가 활발하게 진행되고 있다. 눈에 보이는 물질적 현상만을 연구해 오던 서양의 과학이 눈에 보이지 않는 의식적인 분야로 관심을 돌리기 시작했다. 개인의 심신 수련과 숨겨진 잠재 능력을 계발하기 위하여 동양에서 유래한 호흡에 대하여 많은 연구가 이루어지고 있다. 각종 스포츠와 대체 의학 분야에서도 널리 활용되고 있다. 의학 분야에서도 호흡을 활용하여 환자의 회복 효과를 극대화하는 치료가 일반화되고 있다. 과학적 사고가 지배하는 서구에서도 이미 기 에너지를 생명 에너지로 인정하고 있다. 기 에너지의 본거지인 동양보다 한 발 먼저 기 에너지 치유법을 공식적으로 임상치료에 도입하고 있다.

최근에는 미국 뉴욕 사람들의 생각도 많이 달라졌다. 여태까지 그들은 조깅을 최고의 건강법으로 여겼다. 뛰고 달려 땀이 나야 몸에 좋다고 생각했다. 그러나 최근 들어 그들은 새로운 동양적인 건강법에 관심을 보이기 시작했다. 바로 호흡이다. 호흡은 뛰고 달리는 것이 아니다. 정중동(靜中動)의 수련이다. 가만히 앉아서 눈을 감고 명상하는 것부터 시작한다. 힘을 쓰고 뛰기보다 몸을 유연하게 하는 것을 더 중시한다. 비록 땀을 흘리지 않지만, 하고 나면 온몸이 가뿐하고 정신도 맑아진다는 것을 경험하였다. 그래서 뉴욕 사람들은 쉴 새 없이 빠르게 뛰고 달리는 것이 삶의 전부가 아님을 깨닫게 되었다. 동양에서 유래된 호흡과 기 에너지의 가치에 눈을 뜬 것이다. 호흡은 그들의 삶의 가치를 바꾸기 시작했다. 빨리보다 천천히, 힘 있게보다 부드럽게, 외양보다 내공에, 남에게 보이는 것보다 자기의 내면을 바라보는 쪽으로 점차 눈을 돌리게 했다.

중국, 인도, 일본에서도 호흡이 질병 치료와 자기실현의 꿈을 이루기 위하여 그 나라의 문화와 어울리는 독특한 방법으로 계발되어 현재까지 이어져 내려왔다. 요가는 인도에서 시작하여 열대와 아열대 지방의 특성에 맞도록 체계화된 것으로, 주로 호흡과 명상을 중시한다. 몸과 마음의 완전한 지배를 통해 자연과의 합일을 추구한다. 호흡을 할 줄 아는 것이 요가 수행의 기본이고 핵심이다.

원래 호흡 수련은 백두산을 중심으로 온대 지방인 한반도와 중국에서 시작하였다. 우리나라에서는 고조선 이후 상고시대 때에 가장 부흥하였고, 그 역사가 무려 수천 년에 이른다. 호흡은 수천 년을 이어온 우리 민족의 소중한 정신 유산이다. 고구려 시대에 을지문덕 장군과 같은 훌륭한 지도자를 많이 배출할 수 있었던 것은 바로 호흡 때문이었다. 그 이후로 호흡은 고구려의 조의선인, 신라의 화랑도, 조선 시대의 양반 계급을 거쳐 주로 산속의 수도인이나 상류 계층의 심신 수련법으로 그 명맥이 이어져 왔다.

현대에 이르러 건강과 자기 계발을 위해 다시 호흡이 재조명받고 있다. 현대 의학의 한계를 극복하고 전인격적인 자기완성을 위하여 호흡에 대한 관심이 날로 늘어나고 있다. 최근에 이르러 개인의 삶에 경제적으로 여유가 생겨 건강과 행복에 대한 관심이 커지면서 호흡의 중요성이 더욱 부각되고 있다. 여러 단체에서 다양한 호흡법을 보급하고 있다. 바야흐로 호흡의 르네상스가 도래하였다. 정부 기관이나 민간 기업의 인재 양성 프로그램에도 호흡과 명상은 빼놓을 수 없는 과정이다. 앞으로도 인간의 무한한 잠재 능력을 발휘하게 하고, 전인격적으로 품격있는 인간을 양성하기 위하여, 호흡에 대한 관심은 더욱 늘어날 것이다.

노블레스 오블리주의 향기를 뿜어내다

 "사람의 가슴과 배 부위는 궁실(宮室)과 같고, 팔다리는 교외(郊外)와 같으며, 뼈마디는 온갖 관리와 같다. 신(神)은 임금과 같고, 혈(血)은 신하와 같고, 기(氣)는 백성과 같다. 자신의 몸을 간수할 줄 알면 나라도 잘 다스릴 수 있다. 대체로 백성을 사랑해야 그 나라가 편안하듯이, 자기 몸의 기운을 잘 다스려야 몸을 제대로 보존할 수 있다. 백성이 흩어지면 나라가 망하듯, 기가 마르면 몸도 생명을 잃게 된다. 호흡으로 우주의 기운을 몸에 받아들이는 것이 건강을 지키는 가장 중요한 것임을 명심하자"

동의보감

어느 토론회에서 요즘의 우리 사회에 진정한 지도자가 부족한 현실을 두고 누군가가 이렇게 한 말이 생각난다.

"정치 전략가는 많은데 참다운 지도자를 찾기 힘들고, 똑똑

한 지식인은 많은데 지혜로운 철학자는 별로 없다. 가르치는 교수는 많은데 학생이 믿고 따를 수 있는 선생님은 많지 않다."

사람마다 나름대로 급수가 있다. 사회적 직위나 재산으로 매긴 급수가 아니다. 자기가 누군지를 정확히 알고 세상을 바르게 바라볼 줄 아는 급수이다. 아무리 높은 직위에 있더라도 이러한 급수가 낮은 사람은 진정한 지도자가 되기 어렵다. 급수가 낮은 사람이 우리 사회의 지도자가 되었을 때 치러야 할 사회적 비용이 얼마나 큰지는 많이 경험했을 것이다. 급수는 단순히 책을 많이 읽는다고 저절로 생기는 것이 아니다. 가르쳐주는 사람도 없다. 자신을 냉철히 바라보면서 스스로 깊은 철학적인 사유를 하지 않으면 터득하기 힘들다. 오늘날 우리 사회를 조화롭게 잘 이끌어가기 위해서는 이러한 급수가 높은 지도자가 많이 배출되어야 할 것이다.

역사적으로 보면 호흡은 지도자 양성에 빼놓을 수 없는 과정이었다. 옛날 사람들이 그린 신선도를 보면 배불뚝이 그림이 많다. 이것은 일부러 배를 크게 그린 것인데, 옛날 수도인들이 호흡을 했다는 뜻이다. 마야 문명의 벽화, 특히 통치자 계급인 왕의 궁실에 이 같은 배불뚝이 그림이 많다. 우리 선조들도 엘리트 지도자를 양성하기 위해 기본적으로 호흡을 가르쳤다. 신라 시대 화랑들은 학문, 검술, 음악을 배우는 기초로 반드시 호흡을 배웠다. 요즘으로 말하면 호흡은 대학의 교양 필수 과목이었다. 진정한 리더십을 발휘하기 위해서는 호흡을 통하여 강건한 신체를 만들고, 감정을 순화시킬 줄 알며, 지혜의 폭을 넓힐 수 있어야 한다고 생각했기 때문이다.

숨쉬기를 바르게 하면 우리 몸의 아랫배 단전에 기운이 가득 채워져서 육체적으로 지치지 않는 체력을 유지할 수 있다. 기운이 가슴 쪽으로 뻗치면 마음이 항상 밝고 편안해지면서 외부 세계를 바라보는 마음의 문이 열린다. 기운이 머리까지 올라오면 머리가 트여 사물의 본질을 정확하게 파악하는 지혜가 생긴다. 호흡 수련을 통해 육체적으로는 강건하고, 가슴에는 따뜻한 사랑이 넘치며, 머릿속에는 지혜가 충만한 전인격적인 사람이 될 수 있다.

　　　호흡의 효과 중에 가장 중요한 것은 마음이 바르게 된다는 것이다. 마음이 바로 서면, 세상을 바르게 볼 수 있다. 일체유심조(一切唯心造)는 만물이 마음에서 비롯된다는 뜻이다. 호흡으로 자신의 마음을 다스릴 수 있으면, 우리는 만물의 생성, 변화, 소멸을 주도하는 주인이 될 수 있다. 물론 이때의 마음이란 희로애락(喜怒哀樂)에 흔들리지 않는 바른 마음(正心)이다. 바른 마음이 길러지면 지혜의 눈이 열리고 세상의 이치를 바로 보는 힘이 생긴다. 호흡은 마음을 조절하여 지혜의 작용을 극대화하는 수련이다. 자기도 모르게 지혜에 대한 눈이 뜨인다. 사물을 보는 시야가 넓어지고, 사람을 대하는 마음도 열린다. 호연지기(浩然之氣)와 같은 도덕적 에너지가 충만한 지도자로서의 노블레스 오블리주의 향기가 저절로 흘러나오게 된다.

Ｓummaries

❖호흡의 길이가 길수록 수명도 길어진다. 사람도 호흡을 길게 천천히 하면 건 강하게 오래 살 수 있다는 뜻이다.

❖올라가는 숨쉬기의 중심점을 거꾸로 아랫배 쪽으로 내려, 건강한 삶을 만드 는 것이 바른숨의 핵심이다.

❖숨쉬기를 바르게 하면 육체적, 정신적, 사회적, 그리고 영적으로 건강한 전인

격적인 사람으로 변한다.

❖바른숨을 통해 마음이 선해지면 골상이 바뀌고, 골상이 바뀌면 관상이 변하고, 관상이 변하면 운명이 바뀌어 인생이 달라진다.

❖호흡은 말도 아름답게 만든다. 말의 그릇은 마음이고, 마음의 그릇은 기운이다. 기운은 호흡과 함께 우리 몸으로 들어온다. 따라서 호흡을 제대로 다스리게 되면 기운이 쌓이고, 마음이 깊어지고, 우리가 다른 사람에게 일상적으로 하는 말도 아름다워진다.

❖우리 몸 안의 기운을 보충하고 이를 소통시켜 건강을 유지하는 원리적 측면에서는 동양의학과 호흡이 같다. 다만 동양의학에서는 약과 침술을 이용하고, 호흡은 숨쉬기를 이용하는 것이 다르다.

❖호흡은 마음을 조절하여 지혜의 작용을 극대화하는 수련이다. 자기도 모르게 지혜에 대한 눈이 뜨인다. 사물을 보는 시야가 넓어지고, 사람을 대하는 마음도 열린다. 호연지기(浩然之氣)와 같은 도덕적 에너지가 충만한 지도자로서의 노블레스 오블리주의 향기가 저절로 흘러나오게 된다.

2. 호흡의 원리

외호흡과 내호흡

"보통 성인은 1분 동안에 12~15번, 하루 동안에는 약 2만 번 숨을 쉰다. 코, 목구멍, 기관지 그리고 폐를 포함한 당신의 호흡 시스템은 숨을 쉴 때 공기를 폐 속으로 보낸다. 폐 속의 산소는 혈관을 타고 신체의 각 세포에 보내져서 생명을 유지하는 연료로 쓰인다. 건강한 생활을 유지하는 데 있어 당신의 호흡이 결정적으로 중요한 역할을 한다.

미국 폐협회(The American Lung Association)

"건강한 사람은 몸속 에너지의 93%를 호흡을 통해서 만든다. 그러나 나쁜 호흡 습관을 지닌 사람은 84%에 불과하다. 그리고 우리 몸속의 노폐물 중에 약 70%가 호흡을 통해서 배출되고 있다.

미국 생명공학정보센터(National Center for Biotechnology Information)

우리 몸의 호흡 사이클은 외호흡과 내호흡으로 이루어진다.

외호흡은 외부의 신선한 공기가 코나 입을 통해 우리 몸의 호흡기관인 폐로 들어오고, 폐에 있는 노폐물 공기가 코나 입을 통해 밖으로 빠져나가는 것을 말한다. 즉 산소를 폐로 공급하고, 폐 속의 노폐물인 이산화탄소를 외부로 배출시키는 사이클이다. 일반적으로 호흡이라고 하면 바로 이 외호흡을 머리에 떠올린다. 폐 속에서 산소와 이산화탄소의 교환이 이루어지므로 폐호흡이라고 한다.

외호흡을 통해 폐 속으로 들어온 산소는 혈관 속의 헤모글로빈을 통해 몸 구석구석의 말단 세포 속으로 들어간다. 세포 속에서 산소는 영양 물질의 탄소와 상호 작용하여 생체 에너지로 변환된다. 이 과정에서 발생하는 노폐물인 이산화탄소는 다시 폐로 보내진다. 이와 같이 세포 속에서 대사 작용을 통하여 에너지를 만들면서, 산소와 이산화탄소가 교환되는 것을 내호흡이라 한다. 세포 속에서 일어나는 대사 과정이기 때문에 세포호흡이라고 한다. 즉 내호흡은 폐 속의 산소가 혈관을 타고 세포 속으로 들어가서 대사 과정을 거친 후, 여기에서 생긴 이산화탄소가 혈관을 타고 다시 폐 속으로 되돌아오는 사이클을 말한다.

외호흡이 잘 되어 외부의 산소가 폐에 충분히 들어오고, 내호흡도 동시에 원활하게 일어나 말단 세포까지 산소가 잘 전달되고 세포 내의 대사 작용이 원활하게 이루어져야 건강한 호흡이다. 외호흡은 잘 되고 있는데 내호흡이 제대로 일어나지 않으면, 산소가 폐까지는 잘 들어오지만 말단 세포까지는 전달이 되지 않거나 세포내의 대사 작용이 원활하지 못하다는 뜻이다. 반면에 외호흡이 잘 이루어지지 않으면, 공기가 폐까지 충분히 공급될 수 없다. 따라서 아무리 세포 속의 대사 작용이 원활해도 세포는 만성적인 산소의 부족을 겪게 된다.

외호흡이 잘 일어나게 하기 위해서는, 폐의 아랫부분까지 공기가 충분히 들어가야 하므로 아랫배로 깊게 숨을 쉬어야 한다. 또한, 내호흡이 잘 일어나게 하기 위해서는 숨을 천천히 느리게 쉬어야 한다. 숨을 느리게 쉬어야 혈관이 이완되어 혈류가 순조로워져서 폐 속의 산소가 말단 세포까지 원활하게 운반되기 때문이다. 얕고 빠른 호흡을 깊고 느린 호흡으로 바꾸면, 외호흡이 강화되어 폐 속에 산소를 충분히 공급할 수 있을 뿐만 아니라, 내호흡도 원활하여 산소를 신체의 말단 세포까지 잘 전달한다. 그 결과 몸 전체의 신진대사가 원활히 이루어져서 우리 몸은 항상 건강한 상태를 유지할 수 있다.

호흡의 메커니즘

"폐는 반원추형처럼 생긴 기관으로 가슴 속에 왼쪽과 오른쪽에 하나씩 위치하고 있다. 폐는 호흡기의 주무를 맡고 있으며, 그 속에서 가스 교환(외호흡)이 이루어진다. 폐는 오른쪽이 왼쪽보다 크다. 오른쪽 폐의 용적이 1,200CC, 왼쪽 폐는 1,000CC 정도이다. 폐는 최대 5,000CC의 공기를 받아들일 수 있지만, 한 번 숨을 쉴 때마다 평균 500CC 정도의 공기를 마신다. 이와 같이 대부분의 사람은 폐의 극히 일부만 사용하고 있다."

인체해부학, 현문사

호흡은 흉곽(胸廓) 속에서 일어난다. 흉곽의 위쪽과 옆은 갈비뼈와 근육으로 둘러싸여 있고, 그 아래는 돔 형태의 근육인 횡격막이 놓여 있어 내장 기관과 구분하고 있다. 흉곽 속에는 심장과 폐 두 개가 있다. 폐에서 일어나는 호흡 작용은 우리가 생존하는 데 매우 중요하기 때문에, 신은 인간이 직접 이에 관여하지 못하도록 만들어 놓았다. 즉 호흡은 자율신경 시스템에 의해 우리의 의지와 관계없이 저절로 일어난다.

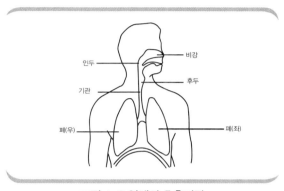

그림 1-2 인체의 호흡기관

　우리는 일상생활을 하면서 호흡에 대하여 별로 관심을 갖지 않는다. 그러나 보통 사람들이 숨 쉬는 모습을 자세히 관찰하면, 숨을 마실 때는 가슴이 부풀어 오르고, 숨을 내쉬면 가슴이 수축한다. 숨을 마시는 동안에는 갈비뼈가 약간 위로 올라가고, 횡격막은 아래로 내려가면서 흉곽의 공간이 늘어난다. 흉곽의 공간이 늘어나면 폐도 흉벽과 횡격막 쪽으로 늘어나 부피가 커지게 되면서 외부의 공기가 자동으로 유입된다. 마시는 공기 속에는 산소가 20%, 이산화탄소가 0.03%이고, 나머지는 질소이다.

　숨을 내쉴 때는, 가슴의 근육이 원래대로 환원된다. 갈비뼈가 내려오고, 횡격막이 위로 올라가면서 흉곽이 줄어들고, 늘어났던 폐가 원래대로 수축한다. 따라서 몸에서 발생한 노폐물 공기가 저절로 밖으로 빠져나간다. 날숨 속에는 산소가 16%, 이산화탄소가 4%, 그리고 인체의 대사 과정에서 생긴 수증기와 기타 노폐물이 섞여 있다.

공기는 코를 통과하면서 미세한 먼지와 오염된 물질이 코털에 의해 걸러진다. 그리고 적당한 온도와 습도로 조절된다. 공기는 코와 입이 연결되는 인두와 소리를 내게 하는 후두를 거쳐 기관지를 통해 폐로 들어간다. 폐 속에 들어간 산소는 우리 몸의 순환 시스템으로 들어가 혈액 속의 헤모글로빈에 의해 몸 전체로 운반된다. 몸의 대사 과정에서 발생한 이산화탄소와 같은 노폐물은 혈관을 통해 폐로 돌아와 날숨과 함께 밖으로 나간다.

사람의 호흡은 혈액 속의 산(acid)과 알칼리(alkaline)의 비율에 따라 빨라지기도 하고 느려지기도 한다. 사람이 건강을 유지하기 위해서는 약한 알칼리 상태(pH7.4)를 유지해야 한다. 이러한 비율이 조금이라도 변하게 되면, 우리 몸은 즉시 호흡 반응을 통해 원래 비율로 돌아간다. 우리 몸은 육체적인 활동을 하거나 스트레스와 외부의 자극을 받으면 인체의 화학 반응이 증가되어 이산화탄소와 산(acids)이 발생한다. 이것은 혈액 속의 산성도를 높이게 되며, 인체는 항상성을 유지하기 위해 호흡의 횟수를 빠르게 하여, 증가된 이산화탄소를 배출한다. 반대로 몸이 이완되어 있거나 휴식을 통해 몸 속의 화학적 활동이 줄어들면, 이산화탄소와 산이 적게 만들어지고, 그 결과 호흡도 저절로 느려진다.

횡격막 활용이 호흡의 요체

 "횡격막은 폐가 공기를 받아들이도록 할 뿐만 아니라, 내장 기관을 자극해 소화와 신진대사를 촉진한다. 횡격막은 우리의 건강과 활력 그리고 웰빙에 있어 대단히 중요한 역할을 한다. 그것은 일종의 영적인 근육(a spiritual muscle)이다."

만탁 치아(Mantak Chia, 1944~), 도교 선인, 우주치유센터, 태국

호흡 작용에 관여하는 근육 중에 가장 중요한 것이 횡격막이다. 횡격막은 돔(dome) 모양으로 폐가 속한 공간과 내장 기관이 있는 공간을 구분해 주는 근육이다. 횡격막 위에는 심장과 폐가 있고, 그 아래에는 위장, 대장, 소장 등 내장 기관이 있다.

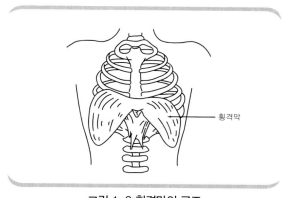

그림 1-3 횡격막의 구조

횡격막은 아랫배 근육에 의해 조절되면서 호흡하는데 핵심 역할을 한다. 아랫배를 밖으로 내밀면 횡격막이 아래로 내려가고, 횡격막에 닿아있는 폐의 밑 부분도 함께 내려가면서 폐의 부피가 늘어나고 공기가 안으로 들어간다. 아랫배를 안으로 당기면 횡격막이 올라가고, 폐의 밑 부분도 함께 올라가면서 폐의 용적이 줄고 공기는 빠져나간다.

횡격막은 폐에 공기가 들어오고 나가도록 할 뿐만 아니라, 내

장 기관을 자극하기도 한다. 숨을 깊게 마시고 내쉬면, 횡격막의 수직 움직임을 평소의 2~3배로 키울 수 있다. 이것은 횡격막 아래에 있는 내장 기관을 누르고, 뭉개고, 비틀면서 자극한다. 인체 중심부에 있는 핵심 장기가 자극을 받으면서 발생하는 내적 에너지는 내장의 연동 운동을 촉진하고, 혈액과 림프의 흐름을 원활히 하며, 영양의 흡수가 잘 이루어지도록 돕는다. 우리의 내장 기관이 신선한 산소를 충분히 공급받으면서 매일 2만 번씩 운동을 하고 있다고 상상해 보라. 얼마나 환상적인가? 횡격막을 잘 이용하는 것이 바른 호흡의 요체이다.

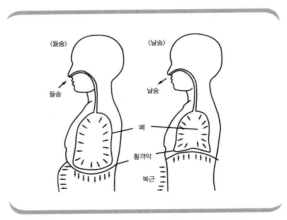

그림 1-4 호흡시 폐 · 횡격막 · 복근의 변화

호흡을 관장하는 아랫배 근육과 횡격막을 '호흡근'이라고 한다. 폐는 호흡근의 움직임에 따라 수동적으로 크기만 달라지기에 호흡근이 아니다. 단지 공기를 담는 그릇일 뿐이다. 호흡근인 아랫배를 펌프질하듯이 밀고 당기면서 숨을 쉬는 것이 올바른 호흡법이다.

어릴 때는 횡격막이 부드럽게 위아래로 움직이면서 공기가 폐 아랫부분까지 충분히 들어온다. 그러나 나이가 들수록 각종 스트레스와 긴장 그리고 지나치게 부정적인 마음가짐 등으로 횡격막이 점점 굳어진다. 횡격막이 경직되어 아래로 충분히 내려가지 못하면, 폐의 아랫부분까지 공기가 들어갈 수 없고 폐의 윗부분만으로 숨을 쉬는 가슴호흡이 된다. 그 결과 폐의 아랫부분은 발달이 덜 되거나 퇴화 상태로 변하고, 폐의 윗부분은 사용을 너무 많이 해서 긴장이 되거나 노화한다.

가슴호흡은 부족한 산소를 보충하기 위해 자연히 빠른 호흡으로 변한다. 호흡이 빨라지면 우리 몸은 인체의 에너지를 과다하게 사용하게 되면서, 몸을 긴장하게 하고 혈관을 수축하는 등 생리적인 변화가 일어난다. 바이러스와 박테리아 균을 잡아 파괴하는 림프 시스템의 기능도 약화된다. 소화 과정에 필수적인 각종 효소와 소화액의 분비를 줄이며, 소장과 대장의 연동운동을 느리게 한다.

가슴호흡은 폐의 아랫부분까지 공기를 마시지 못하기에 일정한 양의 공기를 받아들이기 위해서는 가슴을 내밀고 어깨를 올리면서 숨을 쉴 수밖에 없다. 이때 가슴과 어깨는 딱딱하기에 이를 움직이기 위해 불필요한 힘이 많이 들어간다. 즉 가슴호흡은 숨결마다 우리 몸의 에너지를 소모하면서 항상 피로하게 한다.

가슴으로 숨을 쉬면 아랫배와 가슴의 움직임이 바른 호흡을 할 때와 정반대다. 숨을 마실 때 아랫배가 안으로 들어온다. 이러한 동작은 횡격막을 위로 올려 폐에 있던 공기를 밖으로 밀어내는 움직임이다. 공기를 밖으로 밀어냄과 동시에 숨을 마시게 되면, 밖으로 나가려는 공기와 안으로 들어오려는 공기가 부딪쳐 충돌 에너지가 발생한다. 그 결과 우리 몸은 숨을 쉴 때마다 스트레스를 받는다. 더욱 심각한 것은 우리 몸이 이러한 스트레스를 잘 느끼지 못하고 있다는 점이다. 즉 자기도 모르는 사이에 스트레스가 쌓인다. 이렇게 누적된 스트레스는 나이가 들어 인체의 저항력이 약해지면서 온갖 질병의 원인이 된다. 얼마나 무섭고 불행한 일인가!

지금 양 손바닥으로 아랫배를 부드럽게 문질러 긴장을 풀어 준다. 서서히 아랫배를 안으로 당기면서 입으로 공기를 "푸"하며 불면서 폐 속의 공기를 완전히 밖으로 내보낸다. 충분히 공기가 나간 다음에, 천천히 아랫배를 앞으로 내밀면서 코로 공기를 충분히 마신다. 폐 속에 공기를 가득 채운 다음, 다시 아랫배를 당기면서 입으로 공기를 완전히 내보낸다. 다시 아랫배를 내밀면서 코로 공기를 마신다. 이렇게 몇 번 반복하게 되면 횡격막 근육을 위아래로 수월하게 움직일 수 있다. 아랫배의 긴장이 풀리면서 가슴이 시원해지고 새로운 충만감을 느낄 수 있을 것이다.

Summaries

❖외호흡은 외부의 신선한 공기가 코나 입을 통해 우리 몸의 호흡 기관인 폐로 들어오고, 폐에 있는 노폐물 공기가 코나 입을 통해 밖으로 빠져나가는 것을 말한다.

❖세포 속에서 대사 작용을 통하여 에너지를 만들면서, 산소와 이산화탄소가 교환되는 것을 내호흡이라 한다.

❖외호흡이 잘 일어나게 하기 위해서는, 폐의 아랫부분까지 공기가 충분히 들어가야 하므로 아랫배로 깊게 숨을 쉬어야 한다. 또한, 내호흡이 잘 일어나게 하기 위해서는 숨을 천천히 느리게 쉬어야 한다. 숨을 느리게 쉬어야 혈관이 이완되어 혈류가 순조로워져서 폐 속의 산소가 말단 세포까지 원활하게 운반되기 때문이다.

❖아랫배를 밖으로 내밀면 횡격막이 아래로 내려가고, 횡격막에 닿아있는 폐

44

의 밑 부분도 함께 내려가면서 폐의 부피가 늘어나고 공기가 안으로 들어간다. 아랫배를 안으로 당기면 횡격막이 올라가고, 폐의 밑 부분도 함께 올라가면서 폐의 용적이 줄고 공기는 빠져나간다. 횡격막을 잘 이용하는 것이 바른 호흡의 요체이다.

---

3. 호흡의 정석

정석1 호흡의 중심점을 내려라

 "횡격막의 움직임을 아래쪽으로 조금만 더 내리면, 복부에 있는 내장기관에 좋은 영향을 줄 뿐만 아니라, 폐가 받아들이는 공기의 양도 크게 증가한다. 횡격막을 1cm 아래로 내리면 폐가 받아들이는 공기의 양은 250~300cc 늘어난다. 호흡을 깊게 하는 사람은 횡격막을 4cm 정도 더 내릴 수 있다. 그들은 호흡할 때마다 공기를 1,000cc 이상씩 더 마실 수 있다는 뜻이다."

광저우 과학기술신문(1994), 중국

건강한 호흡은 숨쉬기의 중심점을 내리는 것이다. 가슴까지 올라간 호흡의 중심점을 아랫배로 내린다는 의미이다. 사람이 태어나 죽기까지의 호흡은 아랫배에서 시작하여 윗배, 가슴, 어깨, 목구멍으로 중심점이 위로 올라간다. 갓 태어난 아기는 아랫배로 숨을 쉬다가 청년이 되면 가슴으로 호흡한다. 장년과 노년을 지나면서 호흡의 중심점은 더욱 올라가서 어깨가 들썩인다. 결국에는 목구멍의 얕은 숨쉬기로 삶을 마무리 한다. 세월의 흐름에 따라 올라가는 숨쉬기의 중심점을 거꾸로 아래로 내릴 수 있어야 본래의 건강을 되찾을 수 있다.

아랫배를 내밀고 당기면, 횡격막이 내려가고 올라가면서, 폐에 공기가 저절로 들어오고 나간다. 그래서 아랫배 호흡을 횡격막 호흡이라고 한다. 횡격막을 내리면 폐의 아랫부분이 확장되어 산소의 흡입량이 많아진다. 가슴으로 호흡하는 사람들은 횡격막을 2cm 정도밖에 내리지 못한다. 그러나 아랫배로 깊게 숨을 쉬면 횡격막이 6~8cm까지 내려가면서 공기를 충분히 마실 수 있기 때문에, 우리 몸이 항상 활력을 얻는다.

아랫배를 내밀어 횡격막이 내려가면, 가슴 안에서는 부(負)의 압력이 생겨 공기가 저절로 폐 속으로 들어올 뿐만 아니라 정맥이 심장으로 흘러들어 가는 것을 원활하게 한다. 림프액의 흐름도 좋게 하여 면역력이 높아지기 때문에 외부로부터의 세균의 침입에 대해서도 강한 내성이 길러진다. 횡격막의 움직임은 척추 부위를 지나는 자율신경을 자극하기 때문에 우리 몸의 자연치유력이 크게 좋아지고 심신의 이완반응을 촉진한다.

예부터 건강한 호흡법은 심호흡, 복식호흡, 태식호흡, 단전호흡, 배꼽호흡, 석문호흡, 소발꿈치호흡으로 불리고 있다. 이러한 건강호흡의 공통적인 특징은 횡격막을 충분히 내려 숨을 깊게 쉰다는 것이다. 건강한 호흡법은 갓난아이처럼 숨을 쉬는 것이다. 어린아이들은 세속의 때가 묻지 않아 마음이 순수하다. 밝고 깨끗한 마음으로 아랫배로 호흡하는 것이 가장 자연의 상태에 가까운 호흡이므로 이를 자연호흡이라고 한다.

"도의 경지가 지극히 높은 사람은 숨이 발꿈치까지 가도록 깊이 쉬고, 보통 사람은 숨이 목구멍에서 왔다 갔다 한다."

장자(莊子)

　　사람은 나이가 들면서 숨쉬기의 중심점이 올라가면 우리 몸의 기운도 함께 올라간다. 어린아이 때는 숨쉬기의 중심점이 낮기 때문에 기운이 발에 모여 있다. 청년기에는 가슴으로 호흡하기 때문에 기운도 가슴까지 올라온다. 장년기에는 숨의 중심이 어깨와 머리까지 올라와 기운이 머릿속까지 뻗친다. 머릿속에 세상살이의 걱정으로 가득 차 잠 못 이루는 날이 많은 것도 이 때문이다. 중심점이 올라간 숨쉬기는 우리 몸의 기운을 상기시켜 가슴이 답답해지고 머리가 항상 무겁게 느껴지는 등 몸과 마음에 많은 상처를 준다.

　　이렇게 올라간 기운은 아랫배 호흡으로 아래로 내릴 수 있다. 기운이 아래로 내려가면 우리 몸의 기운이 잘 순환되고, 머리가 시원해지며 하체가 튼튼해진다. 상기된 기운을 내리기 위해서는 숨결과 함께 의식도 내릴 수 있어야 한다. 의식을 내린다는 것은 호흡할 때 아랫배에 마음을 집중하는 것이다. 단순히 아랫배만 들먹거리는 호흡이 아니라, 마음을 아랫배에 모아 정성을 들여 숨을 쉬어야 한다. 호흡의 수준이 높아지면 발바닥까지 의식을 내릴 수 있다. 그러면 머리에 상기된 기운이 발바닥까지 내려와, 마음이 항상 고요하고 기혈 순환이 원활해진다.

　　의식을 내리기 위해서는 주관적인 자아관과 과도한 집착 그리고 심리적인 부담과 같은 삶의 무게를 내려놓을 수 있어야 한다. 이런 것들은 우리 몸을 긴장하게 해 호흡의 중심점을 위로 올라가게 한다. 이러한 무게로부터 벗어날 수 있을 때, 우리의 몸은 완전히 이완되고, 몸속에 남아 있는 온갖 불필요한 에너지가 숨결과 함께 밖으로 빠져나간다. 그리고 우리 자신과 외부의 세계를 있는 그대로 받아들이겠다는 긍정적인 마음을 품을 때 청정한 우주의 기운은 한없이 우리 속으로 들어온다. 마음의 문을 열고 자기의 에고를 완전히 비워보자. 그러면 비로소 진정한 호흡이 보일 것이다.

정석2 호흡의 길이를 늘여라

"사람은 1분에 12~15번 숨을 쉰다. 이보다 더 빠르게 20~30번씩 숨을 쉬는 사람도 많다. 이런 사람은 자기 호흡이 빠르다는 것을 느끼지 못한 채, 습관적으로 과호흡을 하는 것이다. 과호흡은 혈관 속에 이산화탄소의 비율을 급격히 떨어뜨린다. 이산화탄소의 비율이 과도하게 낮아지면 혈관이 수축하여 뇌와 신체의 각 부위로 흐르는 피의 양이 적어진다. 이런 경우는 아무리 많은 산소가 폐 속으로 들어오더라도 우리 몸의 말초 부위는 항상 산소 부족을 겪게 된다. 산소 부족은 교감신경을 자극하여 우리 몸을 더욱 긴장하고 초조하게 만든다."

로이스(Royce Flippin), 호흡명상가, 미국

"4초 동안 숨을 마시고, 7초 동안 숨을 멈추고, 다시 8초 동안 숨을 내쉰다. 이러한 호흡이 효과가 있는 이유는, 숨의 길이를 늘임으로써 스트레스와 불안을 없애고 산소를 말단세포까지 잘 보낼 수 있기 때문이다"

앤드루 웨이(Dr. Andrew Weil, 1942~), 의학박사, 미국

"사람들은 몸 안의 이산화탄소 농도에 지나치게 민감하다. 그 결과 이산화탄소를 배출하고 산소를 더 많이 흡입하기 위해서 너무 많이 숨을 쉰다. 숨의 속도가 빨라지면 너무 빨리 이산화탄소를 내보내게 된다. 그 결과 혈관을 수축시켜 우리 몸과 뇌에 보내지는 산소의 양이 적어지게 된다. 이것을 해결하는 방법은 숨을 적게 쉬는 것이다. 즉 호흡 다이어트를 하는 방법이다."

콘스탄틴(Konstantin Pavlovich Buteyko,1923~), 의학박사, 러시아

"호흡을 알맞은 때에 알맞은 방법으로 조절하면 큰 효과를 볼 수 있다. 어떤 결정적인 순간에 숨을 정지하면 인체의 리듬은 지구의 리듬으로 느리게 변한다. 이때 우리 몸 안에 숨어있는 잠재의식이 깨어나 몸과 두뇌는 지구와 공명하게 한다. 이러한 공명은 정보와 에너지의 수용과 전달을 촉진하고 우리 몸을 치유한다."

레오나르드(Leonard Laskow), 의학박사, 영적치료사, 미국

숨이 긴 동물은 장수를 누린다. 1분 동안 숨 쉬는 횟수는, 개가 80~100번, 사람은 12~15번, 거북은 2~3번이다. 숨의 횟수를 숨의 길이로[1] 환산하면, 개는 0.6~0.7초로 매우 짧다. 사람은 4~5초, 거북은 20~30초 순으로 늘어난다. 그런데 개의 수명은 10~15년으로 짧고, 사람은 80~100년, 거북은 250~300년으로 길다. 이처럼 동물은 숨의 길이에 비례하여 수명이 길어진다.

트럭의 수명은 액셀러레이터를 얼마나 밟느냐에 따라 달라

---

1) 숨의 길이는 한 번 숨을 마시고 내쉬는데 걸리는 시간을 말한다. 1분에 12번 숨을 쉬면, 숨의 길이는 5초(60초/12번)이다. 이것은 2.5초 동안 숨을 마시고, 2.5초 동안 숨을 내쉬는 것을 의미한다.

진다. 매일 힘껏 밟으면 트럭은 금방 못 쓰게 되지만, 여유 있게 천천히 밟는 버릇을 들이면 수명은 40년도 더 간다. 숨도 마찬가지다. 여유로운 마음으로 천천히 숨을 쉬는 습관을 들이면 건강하게 장수할 수 있다.

일반적으로 몸과 마음의 상태와 호흡의 길이는 서로 영향을 주고받는다. 사람이 활동하는 동안에는 숨의 길이가 4~5초이다. 스트레스를 받거나 극단적으로 몸을 움직일 때는 1~2초까지 숨이 짧아진다. 그러나 잠을 잘 때는 6~7초로 길어지고, 마음을 고요하게 안정시키면 숨의 길이가 8~10초까지 길어지기도 한다. 이처럼 숨의 길이는 우리의 몸과 마음의 상태에 따라 달라진다. 일반적으로 몸의 상태가 좋고 마음이 안정되면 호흡은 저절로 길어진다.

반대로 호흡의 길이가 우리의 몸과 마음에 영향을 준다. 호흡의 길이를 길게 하면 우리 몸의 이완 반응을 주도하는 부교감신경을 자극해 일상에서 받는 스트레스가 줄고 마음이 안정된다. 원래 호흡의 조절은 인도의 프라나야마(pranayama)[2]에서 우리 몸의 에너지와 감정 그리고 의식의 변화를 일으키는 방법으로 주로 활용해 왔다. 프라나야마에서는 들숨과 날숨의 길이를 길게 하거나 그 사이에 숨을 멈추는 시간을 길게 하는 방법으로 한다. 실제로 기도, 명상, 참선, 요가, 기공 등 여러 가지 영적인 수련은 호흡을 느리게 조절하는 방법으로 몸과 마음을 다스린다. 최근에는 일부 의료기관에서 치료 목적으로 사용되기도 한다.

들숨과 날숨의 길이에 따라 우리 몸은 세 가지 반응을 나타낸

2) 인도 요가에서 주로 행하는 호흡조절법을 프라나야마(Pranayama)라고 부른다. 프라나(Prana)는 숨, 호흡, 생명, 에너지를 의미하며, 야마(yama)는 길이, 확장, 뻗음 또는 제한을 의미한다.

다. 들숨과 날숨의 길이를 같게 하면 우리 몸 안의 기운이 음과 양의 조화를 이루어 자동적으로 균형이 유지된다. 들숨보다 날숨을 길게 하면 몸의 긴장을 해소하고 이산화탄소와 같은 독소를 충분히 배출할 수 있다. 이는 우리 몸에 긴장이 가득 차 있을 때 한숨이 일어나는 원리이다. 날숨보다 들숨을 길게 하면 산소를 충분히 세포에 공급할 수 있어 우리 몸에 활력을 불어넣는다. 몸이 피곤하거나 따분할 때 하품이 저절로 일어나는 경우이다.

최근 요가와 기공 같은 대체의학의 대중화로 호흡의 조절에 대한 관심이 많아졌다. 자기 몸에 맞는 호흡을 선택하여 알맞게 체화하면 아주 유용하고 놀라운 효과를 낼 수 있다. 그러나 자기 몸에 맞지 않거나, 지나친 남용은 부작용을 일으켜 몸과 정신을 해칠 수 있다. 숨을 지나치게 오래 멈춘다거나, 복부와 횡격막의 근육이 긴장한 상태에서 장기간 호흡하면, 여러 가지 부작용이 따를 수 있다. 공기를 많이 마실 욕심으로 폐를 지나치게 확장하면 폐가 손상되기도 한다. 호흡을 처음 시작할 때는 호흡 전문가의 도움을 받아 자기 몸에 맞게 수련하는 것이 좋다.

호흡은 단지 몸속에 산소를 받아들이고 이산화탄소를 내보내는 생리적 차원을 넘는 그 무엇이다. 숨결 속에 녹아있는 우주의 기 에너지가 우리 몸의 근육, 뼈, 기관, 에너지 통로 구석구석까지 스며들도록 해야 한다. 지금 바로 조용히 눈을 감고 아랫배에 집중하여 천천히 숨을 가다듬어보자. 금방 머리가 고요해지면서 가슴에 편안함이 몰려올 것이다.

정석3 호흡에 생각을 담아라

"마음으로 생각하는 것은 추상적인 관념 상태에서 그치지 않고, 반드시 구체적인 물질로 변화되어 육체에 작용한다."

하루야마 시게오, 의학박사, 「뇌내혁명」, 일본

"정신이 없으면 우주는 존재할 수 없고, 정신은 그것이 인식하는 대상을 실체로 만들어낸다."

— 프레드(Fred Alan Wolf,1934~), 양자물리학자, 미국

"뉴턴, 아인슈타인으로 이어지는 고전 역학의 물질적 우주론의 기본적 전제는, 외부의 대상이 마음 즉 의식과 독립적으로 분리되어 있어 영향을 받지 않는다는 것이다. 그러나 양자 역학에서는 의식적인 생각이 있으면 개체는 의식대로 반응한다고 한다. 즉 인간의 생각이 대상에 영향을 줄 수 있다."

아미트(Amit Goswami), 핵물리학자, 인도

"상상은 삶의 핵심이다. 다가올 미래의 시사회다."

아인슈타인(Albert Einstein), 물리학자, 독일

호흡의 중심점을 아랫배까지 내려 폐 속에 산소를 충분히 공급하고(정석1), 호흡의 길이를 늘여 폐 속의 산소가 말단 세포까지 잘 흐르게 하는 것(정석2)이 가장 자연스럽고 건강한 호흡이다. 이것은 어린 아이가 세상에 태어난 직후부터 하는 숨쉬기로서 자연호흡이라 한다. 자연호흡을 하면서 숨결 속에 생각을 담는 것이 바른

숨의 세 번째 정석이다. 호흡 속에 의식을 넣는다는 의미에서 '의식
호흡'이라고 한다. 호흡 속에 자기가 원하는 구체적 생각이나 이미
지를 불어넣어, 그것이 실제로 이루어지게 하는 적극적인 호흡이다.
예컨대 숨을 마실 때는 '우주의 기 에너지가 들숨과 함께 나의 몸속
으로 들어와 아랫배에 쌓인다' 는 이미지를 그린다. 숨을 내쉴 때는
'몸속의 나쁜 에너지가 날숨과 함께 밖으로 빠져나간다' 고 상상한
다.

그림 1-5 호흡 속에 생각 담기

인간이 동물과 다른 점은, 자유의지로 의도적으로 생각하고,
그 생각을 실현시킬 수 있다는 것이다. 예부터 우리 조상은 숨 쉴 때
단순히 숨결의 흐름을 지켜보는 것 못지않게, 그 숨결 속에 생각이
나 암시를 불어넣는 의식호흡을 중요시했다. 의식호흡을 통해 우주
의 기 에너지를 우리 몸에 받아들여 병든 몸을 치유하고 마음을 다
스리는데 활용해 왔다. 의식호흡은 우리 자신의 내면 깊은 곳으로
내밀한 통로를 제공하기 때문에, 기독교, 불교, 힌두교, 이슬람교,
도교 등 거의 모든 종교계에서는 영적 계발과 깨달음의 수단으로 활
용해 왔다.

"일본 회춘공(回春功)을 수련하면서 이미지 영상 훈련을 할 때 나타나는 생리적인 변화에 대해서 측정하였다. 심장 박동, 심전도, 혈압, 맥박, 호흡의 횟수 등의 신체적인 반응을 분석한 결과, 이미지로 에너지가 흐른다고 상상하는 것이 상당한 효과가 있었다. 이는 우리 몸의 에너지는 우리가 생각하는 것에 의해 영향을 받고 있다는 뜻이다."

가와노와 마치[3], 기공 연구가, 일본

지금 바로 호흡에 생각(상상, 암시, 이미지 떠올리기, 동영상 그리기 등)을 담아 보자. 천천히 숨을 쉬면서 자기의 숨결을 내면의 눈으로 고요하게 바라본다. 숨결이 코로 통해 폐 깊숙이 들어오고 나가는 모습을 느껴본다. 숨이 들어올 때는 우주의 기 에너지가 숨결과 함께 들어오고, 숨이 나갈 때는 몸속의 찌꺼기와 나쁜 에너지가 밖으로 나가는 영상을 그려본다. 몸속의 기 에너지가 우리 몸 구석구석까지 퍼지고 말단세포가 좋아하면서 열광하는 모습까지 떠올릴 수 있다면 최고의 상상이다. 생각을 그렇게 하면, 우리 몸도 그렇게 반응하는 것이 우주의 법칙이다. 원하는 것을 생각하고, 그 생각이 마음에 가득 차게 하면, 그것이 당신의 인생에 나타날 것이다. 즉 생각이 현실이 된다.

"마음으로 상상할 수 있는 것은 무엇이든 성취할 수 있다."

클레멘트(W. Clement Stone, 1902~2002), 기업가, 미국

3) A study of the physiological state during Hui-Chun-Gong, 1999(기가 세상을 움직인다1, 방건웅)

"마음으로 본다면, 손으로 쥐게 될 것이다."

밥 프록터(Bob Procter) 「당신은 부자로 태어났다」, 미국

"너희가 기도하며 구하는 것이 무엇이든 그것을 이미 받았다고 믿기만 하면 그대로 다 될 것이다."

마가복음 11: 24

"감정이 중요하다. 당신이 뭔가를 그저 머리로만 믿고 그와 연관된 감정은 느끼지 않는다면, 당신이 원하는 것을 당신의 인생에 나타나게 해줄 힘이 부족할지 모른다. 느껴야 한다."

마이클(Micheal Bernard Beckwith), 아가페 국제영혼센터, 미국

생각으로 어떤 일을 성취하기 위해서는 원하는 것을 적극적으로 '구하고', 그것이 이루어질 것을 '믿고', 또한 이미 이루어진 것처럼 '느낄' 수 있어야 한다. 숨을 마실 때 숨결과 함께 우주의 기 에너지가 몸속에 들어오기를 간절히 구하라. 그리고 이를 의심하지 말고 신념 있게 믿어라. 또한 기 에너지가 몸속에 쌓여 아픈 부위가 나아지고 있으며, 기분이 좋아지는 것을 느껴라. 호흡에 생각을 담는다는 것은 단순하게 머리로 생각만 하는 것이 아니다. 머리로 생각한 것을 가슴으로 믿고, 그 결과가 이미 이루어졌다는 기분까지 감정적으로 느끼라는 뜻이다. 숨을 쉴 때는 우주의 무한한 에너지장을 느끼면서 항상 기쁘고 충만한 기분을 가지는 것이 중요하다.

기 에너지는 생각하는 방향으로 흐른다. 일반적으로 호흡을 할 때 기 에너지가 숨결과 같은 방향으로, 즉 코를 통해 아랫배에 들어온다고 생각한다. 그렇게 생각하면 그렇게 된다. 그러나 숨결과

반대 방향으로, 예컨대 발바닥에서 아랫배로 밀려온다고 상상할 수도 있다. 그러면 또 그렇게 된다. 생각하는 방향에 따라 배꼽이나 허리 뒤쪽에서부터 기 에너지가 들어올 수도 있고, 온몸의 피부 구멍으로 드나들 수도 있다. 무릎이 아플 때는 무릎 부위에 정신을 집중하여 아픈 부위가 치료되게 할 수 있다. 가슴이 답답할 때는 가슴에 맺힌 기운이 아래로 내려가는 이미지를 그리면 실제로 가슴에 맺힌 부위가 뚫리기 시작한다.

생각의 내용에도 제한이 없다. 몸이 허약한 사람은 숨결과 함께 우주의 생명 에너지가 들어온다고 생각한다. 마음속으로 사랑하는 자녀의 이미지를 그리면서 사랑을 불어넣는 방법도 멋진 일이다. 화를 다스리고 싶으면 들숨 때 마음의 평화를 갈구하고, 날숨 때 화가 나가는 영상을 그려도 좋다. 숨을 마실 때는 좋은 것이 들어오고, 숨을 내쉴 때는 나쁜 것이 나간다고 생각하는 것이 일반적인 방법이다.

"당신이 하는 모든 생각은 실체이며, 끌어당기는 힘이다."
프렌티스(Prentice Mulford,1834~1891), 「생각은 실체다」, 미국

"마음으로 원하는 것을 생각하고 그 생각이 마음에 가득하게 할 수 있다면, 그것이 당신의 인생에 나타날 것이다. 즉 생각이 현실이 된다는 것이다. 생각은 자석이고, 생각에는 주파수가 있다. 당신이 생각할 때 생각의 주파수는 우주로 전송되어 같은 주파수에 있는 비슷한 것들을 자석처럼 끌어당긴다. 전송된 것은 모조리 원점으로 되돌아간다. 그리고 원점이란 바로 당신이다. 지금 당신이 하는 생각이 앞으로 당신의 삶을 만들어낸다. 당신은 생각으로 삶을 만든다. 항상 생각하니까 항상 창조하는 삶을 사는 셈이다. 당

신이 가장 많이 생각하고 집중하는 대상, 바로 그것이 당신 삶에
나타나리라.

론다 번(Rhonda Byrne,1951~), 「Secret」, 호주

"잠재의식은 바다에 떠 있는 거대한 배와 같고, 현재의식(생각)
은 바로 선장이다. 선장이 '우로 가'라고 말하지 않는 이상 거대
한 배는 움직이지 않는다. 집중의 상태에서 잠재의식을 최대한 발
현시킨 후, 현재의식으로 암시를 주면 잠재의식은 암시가 지시한
대로 따르게 된다."

– 조셉 머피(Joseph Murphy,1898~1981) 「잠재의식의 힘」, 아일랜드

"일반 사람들도 정신을 집중하면 물체의 거동에 영향을 미칠 수
있다. 실험 대상이 되는 사람의 인형이나 사진, 혹은 자화상 등을
놓고 정신을 집중하는 동안, 멀리 떨어져 있는 대상 인물의 혈류
량이나 맥박 수, 그리고 피부 전기저항 등을 측정한 결과, 모두 유
의한 변화가 있었다."

레브만(J.M. Rebman)[4], 의식연구가, 미국

"陽氣發動 金石亦透 精神一到 何事不成"
"양의 기운이 발하는 곳이면 쇠와 돌 또한 뚫을 수 있고, 정신을
한 곳에 모으면 어떤 일도 이룰 수 있다."

주자어류(朱子語類)

---

4) Remote influence of human physiology by a ritual healing technique, 1995, 미국 네바다
대학 의식 연구실(「기가 세상을 움직인다1」, 방건웅)

의식호흡으로 기 에너지를 몸에 받아들이기 위해서는, 먼저 호흡에 강하게 집중할 수 있어야 한다. 집중하면 우리의 뇌 속에서는 현재의식이 줄어들고 잠재의식이 활성화된다. 이렇게 활성화된 잠재의식은 우리가 생각하는 방향대로 움직이는 특성이 있다. 호흡에 집중하여 잠재의식을 최대한으로 활성화한 상태에서 굳은 믿음으로 우주의 기 에너지가 아랫배에 모인다는 생각을 하면, 우주는 우리의 생각대로 기 에너지가 모이도록 조절해간다. 어떻게 조절하는지는 궁금해할 필요가 없다. 그것은 우주의 소관이기 때문이다.

다음은 상상력을 최대한 동원한다. 생각하는 것이 이미 이루어져 있다는 이미지를 떠올려 감정적으로 느끼는 것이 중요하다. 아랫배에 모인 기 에너지가 온몸에 흐르면서 세포의 생명력이 살아나는 모습을 상상으로 그려 보라. 우리 몸은 마음속으로 이미지를 그리면서 상상하지 않으면 반응하지 않는다. 우리 몸이 반응을 하는 데 필요한 에너지가 100이라면 의지력이 15%이고, 상상력은 85%의 비중을 차지한다. 그래서 기 에너지를 받아들이겠다는 의지도 중요하지만, 기 에너지를 실제로 받고 있다는 이미지를 그리지 않으면 반응이 나타나지 않는다. 항상 긍정적인 사고로 이미 이루어진 모습을 앞당겨 상상하면서 호흡해 보자.

마지막으로 전체적인 관점에서 자기를 바라볼 수 있어야 한다. 인간은 대우주와 동떨어진 별개의 개체가 아니다. 원래부터 대우주에 속한 소우주이다. '하늘에서 이루어진 것은, 아래에서도 이루어진다.'는 말처럼, 대우주의 법칙은 소우주인 우리 몸에도 그대로 작용한다. 우리는 대우주의 부분이면서, 우리 속에 또한 대우주가 들어있다. 특히 의식의 몸에는 더욱 그렇다. 그래서 의식호흡을 할 때는 우리의 생각이 전체에 이어져야 한다. 물론 생각의 결과도 전체로부터 우리에게 되돌아온다. 의식호흡은 단순히 정확한 호흡 기술을 익히는 차원을 넘는다. 자동차를 수리하기 위해 정비 공장을 찾는 것처럼 호흡의 전문가를 찾아가서 해결할 문제도 아니다. 자기 자신에 대한 정확한 자각이 중요하다. 항상 대우주와 교류하면서 존재하는 소우주로서의 자신을 볼 수 있어야 한다.

Summaries

❖ 건강한 호흡은 숨쉬기의 중심점을 내리는 것이다. 세월의 흐름에 따라 올라가는 숨쉬기의 중심점을 거꾸로 아래로 내릴 수 있어야 본래의 건강을 되찾을 수 있다.

❖ 숨이 긴 동물은 장수를 누린다. 동물은 숨의 길이에 비례하여 수명이 길어진다.

❖ 호흡은 단지 몸속에 산소를 받아들이고 이산화탄소를 내보내는 생리적 차원을 넘는 그 무엇이다. 숨결 속에 녹아있는 우주의 기 에너지가 우리 몸의 근육, 뼈, 기관, 에너지 통로 구석구석까지 스며들도록 해야 한다.

❖ 숨을 마실 때는 '우주의 기 에너지가 들숨과 함께 나의 몸속으로 들어와 아랫배에 쌓이고 있다'는 이미지를 그린다. 숨을 내쉴 때는 '몸속의 나쁜 에너지가 날숨과 함께 밖으로 빠져나가고 있다'는 상상을 한다.

❖ 호흡에 생각을 담는다는 것은 단순하게 머리로 생각만 하는 것이 아니다. 머리로 생각한 것을 가슴으로 믿고, 그 결과가 이미 이루어졌다는 기분까지 감정적으로 느끼라는 뜻이다.

❖ 의식호흡을 통해 기 에너지를 몸에 받아들이기 위해서는, 먼저 호흡에 강하게 집중할 수 있어야 한다. 다음은 상상력을 최대한 동원하는 것이 중요하다. 마지막으로 전체적인 관점에서 자기를 바라볼 수 있어야 한다.

❖의식호흡은 단순히 정확한 호흡 기술을 익히는 차원을 넘는다. 자기 자신에 대한 정확한 자각이 중요하다. 항상 대우주와 교류하면서 존재하는 소우주로 서의 자신을 볼 수 있어야 한다.

4. 호흡의 기적

숨
쉴 줄
아십니까

기적1 몸이 뚫린다

"두뇌의 능력을 높이고 면역 체계를 강화하는 명상을 미국에서만 1,000만 명 이상이 수련하고 있다. 숨쉬기를 바르게 하면 몸이 가볍게 느껴지고, 소화가 촉진되며, 깊은 수면을 취할 수 있다. 수련이 깊어지면 전반적인 건강 상태가 개선되며 특히 비만, 고혈압, 당뇨병, 심장병, 지방간 등 생활 습관에서 오는 병의 예방과 치료에 효과가 있다."

'명상의 과학', 미국 시사주간지 타임(2003.8)

"암은 산소가 풍부하면 살아남지 못하는 사실이 증명되었다. 심장병과 혈압도 바르지 못한 호흡 습관과 관련이 있다. 나쁜 호흡은 신경 시스템의 균형을 깨뜨려 근심과 우울증 같은 정서적 문제를 야기한다. 호흡을 잘하면 산소로 지방과 칼로리를 연소하기 때문에 비만을 해소할 수 있다. 숨을 제대로 쉴 줄 알면 잠을 푹 잘 수 있고, 자고 나면 몸이 가볍다. 당신은 에너지의 99%를 호흡으로 생산한다. 인간의 모든 활동과 건강은 호흡을 최적으로 조절할 때 개선될 수 있다. 건강과 장수는 모두 호흡에 달려있다. 폐활량을 보면 당신이 얼마나 오래 살 것인지 알 수 있다."

Michael Grant White, 바른호흡 아카데미, 미국

"호흡은 어느 한 질병에만 효과가 있는 것이 아니라, 여러 질병이 동시에 치유되는 효과가 있다. 이것은 호흡의 치유 효과가 지엽적인 방식으로 거두어지는 것이 아니라 근본적인 치료를 바탕으로 한다는 것을 시사한다."

Kevin W. Chen, Floyd D. Turner, 의료기공 연구가[5], 미국

"나의 메시지는 대단히 기본적이다. 호흡을 잘해라. 그러면 다른 기술과 혜택이 따른다. 이런 기본적인 기술이 없으면, 큰 성과도 있을 수 없고, 건강도 따르지 않는다. 아랫배에 마음을 집중하여 호흡을 오래 하면 아랫배 부위에 있는 단전에 내적인 에너지가 축적되어 여러분의 개인적인 품격을 올릴 수 있다. 예를 들어, 찻잔을 들어 올리는 단순한 동작도 단전으로부터 나오는 조정력으로 행해질 때는, 침착하고 우아하고 자연스럽다. 내면의 깊숙한 중심으로부터 흘러나오는 깊은 에너지는 여러분의 얼굴로 흘러들어가서 밝고 매혹적인 광채를 발할 것이다."

낸시 지(Nancy Zi), 「The Art of Breathing」, 미국

"기 에너지가 암세포에 미치는 영향을 분석한 결과, 기 에너지에 의

---

5) A case study of simultaneous recovery from multiple physical symptoms with medical qigong therapy, 2004(「기가 세상을 움직인다1」, 방건웅)

해 암세포의 세포벽이 파괴되면서 치유 효과가 있음을 확인했다."

우후아원(武華文), 중국 의학과학원

호흡은 우리 몸의 산소와 에너지의 90% 이상을 공급한다. 호흡의 습관이 바르지 못하면 충분한 산소와 에너지를 공급할 수 없기 때문에 여러 가지 병이 생긴다. 천식, 알레르기, 근심, 피로, 우울, 두통, 심장병, 고혈압, 수면 부족, 스트레스, 정신적 불안 등 이미 알려진 만성적인 질환은 물론 알려지지 않았지만 우리 몸을 크게 상하게 하는 모든 병의 원인이 된다.

일반적으로 호흡의 기능은 20대 중반에 최고조에 이른 후, 10년마다 10~30%씩 그 기능이 감소하기 시작한다. 그래서 호흡의 능력을 유지하거나 개선하기 위한 노력을 하지 않으면 호흡의 기능이 점점 쇠퇴하게 된다. 호흡의 능력이 떨어지면 전반적인 건강 상태와 수명도 한계에 부딪히고 정신도 황폐해진다. 숨 쉬는 방법을 개선하면 삶은 활기를 되찾고 그 질을 높일 수 있다. 아무리 좋은 음식과 운동도 호흡하는 방법이 올바르지 못하면 큰 효과를 보기 힘들다.

보통 사람들은 일상에서 폐활량을 30%밖에 활용하지 못한다. 그러나 아랫배로 호흡하면, 폐 아랫부분까지 공기가 들어가기 때문에 평소에 취하는 산소량의 3~4배까지 마실 수 있다. 충분히 섭취한 산소는 몸속 체지방과 불순물을 완전히 연소한다. 세포의 신진대사를 원활히 해서 죽은 세포를 신속히 배출하고 새로운 세포를 만들기 때문에 우리 몸은 항상 건강과 젊음을 유지할 수 있다. 호흡의 효과는 어느 특정한 질병이나 특정한 신체 부위에만 나타나는 것이 아니다. 우리 몸의 전반적인 건강 수준을 끌어올린다. 신체의 모든 부위에 걸쳐 모든 질병을 동시에 치유하거나 예방하는 효과가 있다.

　　인체의 기 에너지는 배터리에서 나오는 전류에 비유할 수 있다. 젊었을 때는 아랫배의 기 에너지 배터리를 충분히 충전하고 있어 온 몸에 강한 기 에너지가 흐른다. 그러나 나이가 들어감에 따라 배터리는 점점 그 기능이 떨어지게 된다. 이때부터는 기 에너지가 힘이 약해지고 그 순환도 느려진다. 결국, 인체의 가장 말단 부위인 손이나 발부터 또는 개인에 따라 특히 약한 신체 부위부터 정체되거나 막히기 시작한다. 이러한 정체와 막힘은 우리 몸에 여러 가지 병을 일으키는 원인으로 작용한다. 그러나 호흡을 통해 기 에너지를 보충하면 배터리를 다시 충전해 몸의 기혈이 잘 흐르고 막혔던 몸 부위가 뚫리기 시작한다. 호흡은 우리 몸의 막힌 부분을 뚫어주는 새로운 블루오션이다.

　　인체의 혈(血)을 주관하는 것은 기 에너지이다. 호흡을 통해 기 에너지를 강화하면, 우리 몸의 구석구석에 있는 모세혈관이 뚫린다. 모세혈관은 기 에너지가 움직이는 곳으로 따라가기 때문이다. 기 에너지가 온몸에 가득하면 모세혈관도 몸 전체에 활성화되어 산소와 영양을 충분하게 공급한다. 일반적으로 인체의 1cm²에는 400여 개의 모세혈관이 흐른다. 그러나 그 중 실제 사용하고 있는 것은 1~2% 정도인 5~6개 정도다. 운동을 규칙적으로 하는 사람도 40개 정도로 이조차 전체의 10%밖에 되지 않는다. 바른숨을 통해 기 에너지가 충만하고 에너지 순환이 원활해지면, 모세혈관의 활성도가 높아져 만성적인 불치병이 치료되기도 한다.

　　호흡을 바르게 하면 인체의 기운이 아래로 내려가면서 복압이 강해지고 장부와 하체가 튼튼해진다. 현대인은 복잡한 사회구조와 생존경쟁으로 스트레스를 받아 머리가 복잡하다. 그 결과 기운의 중심이 아랫배에서 가슴과 머리로 올라가 있다. 기운이 위로 올라가면 아랫배의 복압이 약해지고, 이것은 내장기관이 제대로 기능을 발휘하지 못하게 하여 몸이 허약해지고 병에 걸리기 쉽다. 호흡을 통해 횡격막 운동을 활성화하면 기운이 다시 내려오면서 자연스럽게 복압이 강해진다. 장부의 기혈 순환이 원활해지고 우리 몸의 신진대사 기능도 활발해지면서 상허하실(上虛下實)의 건강한 체질로 바뀐다.

기적2 마음이 열린다

 "보행을 하면서 호흡을 가다듬으면 자각하는 마음이 생기고, 이 자각의 힘이 마음의 평화를 가져온다.

틱낫한, 승려, 보행 명상가, 「화」, 베트남

바른숨을 꾸준히 몇 개월 지속하면 기 에너지가 아랫배에 가득 차면서 육체의 변화가 일어난다. 우리 몸의 정(精)이 충만해지고 막혀 있던 경락이 뚫려 신체 건강이 회복된다. 기 에너지가 점점 커지면서 가슴까지 미치면 마음의 문이 서서히 열리기 시작하면서 심전선화(心田善化)가 이루어진다. 마음의 밭이 선하고 부드럽고 편안해진다. 원래부터 지녔던 우주의 본성인 사랑이 깨어나 매사에 고마워할 줄 알고 다른 사람을 용서하며 베푸는 마음이 넘친다.

호흡을 깊게 하면 횡격막의 위아래 움직임이 커지는데, 이것이 흉선과 부교감신경을 자극해 마음을 부드럽게 만든다. 흉선은 심장 앞쪽의 가슴 한복판 뼈의 안쪽에 있다. 임신 2~3개월부터 형성되어 10대에 약 35g으로 커졌다가, 그 후부터는 점점 작아져 40대에는 절반으로, 70대가 지나면 거의 흔적만 남는다. 동양의학에서는 흉선이 사람의 마음을 관장한다고 보고 있다. 아랫배로 호흡하면 횡격막이 흉선을 자극하기 때문에, 퇴화하는 흉선의 기능이 점점 되살아나면서 마음이 열린다.

우리 몸의 자율신경에는 교감신경과 부교감신경이 있다. 교감신경은 주로 긴장이나 공포, 위험, 걱정거리 등 부정의 감정이 일어날 때 활성화된다. 이 신경이 자극받으면 땀이 나거나 입술이 마르고, 소화기관의 움직임이 줄고, 심장박동이 증가하며, 혈관을 수축하여 혈압이 높아지게 한다. 반면에 부교감신경이 활성화되면 우리 몸의 긴장이 풀어져 마음이 항상 편안하고 느긋하다. 심장박동이 느려지고, 혈관이 팽창하며, 소화액의 분비를 촉진시키고, 신체의 치유 과정도 회복하게 한다.

횡격막의 상하 움직임은 내장 기관과 척추 아랫부분에 주로 위치한 부교감신경을 자극하여 마음을 편안하게 만든다. 현대를 살아가는 사람은 긴장의 연속이기에 교감신경이 활성화 상태여서 항상 불안하고 초조하다. 이러한 불안과 초조를 풀어 마음을 편안하게 하려면 깊은 아랫배 호흡으로 부교감신경을 활성화해 자율신경이 균형을 이루도록 하는 것이 중요하다.

서양의 의학계에서는 사람의 마음은 생리학적으로 뇌 안의 뇌간과 대뇌변연계 그리고 대뇌 신피질에 존재한다고 보고 있다. 마음을 관장하는 뇌의 특정 부위 속에는 A10[6]이라는 신경 물질이 들

---

6) A10신경물질은 쾌감신경이라고도 하는데, 이 신경이 어떤 자극을 받으면 우리인간에게 쾌감을 전달한다. 인간의 사고나 행위에서 발생하는 쾌감은 모두 A10신경에서 비롯된 것이라 할 수 있다.(뇌내혁명 p95, 하루야마시게오)

어 있어, 이 물질이 마음의 조절에 영향을 미친다고 보고 있다. 호흡을 바르게 하여 횡격막으로 척추 부근에 있는 중추신경을 자극하면, 이것이 뇌에 전달되어 A10 신경 물질에 영향을 주고, 이 신경 물질이 마음을 편안하고 기분 좋게 조절한다고 추정하고 있다.

"완전한 호흡은 우리가 하는 것이 아니라, 우리가 내면을 가꾸어 호흡이 잘되도록 허락하는 것이다."

Marianne Ross, 심리학자, 미국

호흡과 마음은 서로 밀접한 관계가 있다. 호흡을 하면 마음이 안정된다. 깊은 호흡과 함께 머리와 가슴에 있던 답답한 기운이 아래로 내려오면, 아랫배에 복압이 형성되고, 기운의 중심이 잡힌다. 마음도 제자리를 찾아 안정된다. 현대인들이 마음이 급하고 쉽게 화를 내는 것은 숨이 얕고 빠르기 때문이다.

사람이 숨을 쉴 때 들숨과 날숨의 모습에는 그 사람의 인생관이 담겨 있다. 들숨을 편안하게 쉴 수 있는 사람은 순간순간의 생활을 받아들이는 적극적인 인생관을 가진 사람이다. 반면에 날숨을 편안히 하는 사람은 마음을 차분히 비우고 남을 믿고 따르는 스타일이다.

마음도 호흡에 영향을 준다. 화가 나면 얕은 들숨과 강한 날숨으로 변하고, 겁을 먹으면 호흡이 빠르고 얕고 불규칙해진다. 슬픔이나 비통한 일이 생기면 발작적이면서 피상적인 호흡을 하며, 인내에 한계를 느낄 때에는 호흡이 짧고 조화롭지 못하고 긴장한다. 그러나 사랑과 동정 그리고 경외로움을 느낄 때는 호흡이 깊어지고 느려지며 고요해지고 편안해진다. 사람이 공포를 느끼거나 부정의 감정을 느낄 때는 부정의 에너지를 줄이려고 우리 몸의 각종 부위가 수축하여 호흡의 숨결도 약해진다. 기쁨의 감정을 느끼면 기쁨의 에너지를 더 많이 느끼려고 호흡을 깊고 길게 하려 한다.

마음과 몸도 서로 밀접한 관계가 있다. 즉 개인의 성격은 우리 몸에 신체적인 영향을 미친다. 동양의학에는 화를 많이 내면 간과 담장이 상하고, 너무 기뻐하면 심장과 소장이 상하고, 걱정이 많으면 비장과 위장이 상하며, 슬퍼하면 폐와 대장이 상하고, 너무 놀라면 신장과 방광이 상한다고 했다. 개인의 편견에 찬 관념과 지나친 집착 그리고 감정의 치우침도 혈관에 낀 플라크처럼 우리 몸에 해롭다. 자연스럽지 못하거나 순리에 어긋나는 생각은 우리 몸의 전반적인 에너지 흐름을 방해하기 때문이다.

이처럼 호흡과 마음 그리고 몸은 서로에 영향을 주고받으면서 같이 움직인다. 숨을 잘 쉬면 마음이 편안해지며 몸도 활력이 솟는다. 몸이 좋아지면 호흡도 깊고 여유가 있으면서 마음도 편안해진다. 따라서 바른 마음으로 정성을 들여 호흡을 하면, 호흡과 마음과 몸은 서로 선순환으로 좋은 영향을 주면서 몸과 마음이 바로 잡힌 전인격적인 건강을 이룰 수 있다.

기적3 머리가 트인다

 "만일 당신이 고요한 영혼을 갖고자 한다면, 먼저 호흡을 조절하라. 호흡이 잘 조절되면, 마음이 평온해질 것이다. 그러나 호흡이 불규칙하면, 항상 근심 걱정으로 불안할 것이다. 그 어떤 일보다 먼저 당신의 호흡을 다스려라. 그러면 당신의 기질은 부드러워지고, 당신의 영혼은 고요하게 가라앉을 것이다."

카리바 에켄(Kariba Ekken, 17세기), 요가의 현인

"제일 좋은 것은 신(神)을 기르는 것이고, 육체의 보양은 그 다음이다. 신이 편안하면 장수하고, 신이 없어지면 육체도 없어진다."

동의보감

"호흡은 단순한 기계적인 행위 그 이상 무엇이다. 오늘날에 호흡과 건강 그리고 영적인 계발과의 관계에 대한 관심이 날로 커지고 있다. 고대의 토착적인 치유 시스템에서는 호흡을 우리 몸을 치유하는 생명 에너지의 근원으로 보고 있다. 요가, 도교, 티베트 불교 등에서는 건강과 영을 계발하기 위해 호흡을 활용하고 있다. 현대의 건강 관리 전문가들도 호흡을 활용하려고 노력하고 있다. 호흡을 통해 더욱 깊은 이완을 맛볼 수 있고, 스트레스를 효율적으로 관리할 수 있으며, 자기 깨달음을 얻을 수 있고, 인간의 전체성을 회복할 수 있다. 우리가 호흡을 통해 깊은 이완의 상태를 만들어 마음의 파장을 느리게 하면, 영혼과 연결하기가 한층 수월하다."

렌 사푸토(Len Saputo), 의학박사, 「Boosting Immunity」, 미국

전 세계 거의 모든 영적인 문화권에서는 호흡을 기본 파장 또는 에너지로 간주한다. 이 에너지는 중국에서는 '기', 인디아에서는 '프라나', 이슬람에서는 '바라카' 그리스에서는 '프네마', 유대에서는 '루아치' 등으로 부르며 영적 진화와 치료를 위해 사용해 왔다. 이 에너지가 몸과 영혼을 이어주는 연결고리라고 믿고 인간이 누구나 내면에 있는 영혼을 이끌어내는 도구로 활용하여 왔다.

　　구약 성경에 하나님께서 당신의 숨을 불어넣어 사람을 창조했다고 기록되어 있다. 흙으로 사람을 지어 생기를 코에 불어넣으니, 사람의 영이 살아났다고 했다. 숨이 바로 생명이자 영이라는 뜻이다. 모든 사람은 본래부터 영을 지니고 있으며, 영이 바로 본래의 모습이라는 뜻이다. 불교에서는 불성이 온 우주에 가득 차 있다고 한다. 불성을 밝히는 수단으로 명상을 수행했고, 성공적인 명상에 이르는 길이 바로 호흡을 잘 조절하는 것이라고 했다. 그들은 호흡을 하면서 생과 사의 본질을 응시했다. 숨을 마시면서 태어나고, 숨을 내쉬면서 죽음을 바라보았다.

　　힌두교 전통에서 나온 하타 요가에서는 호흡을 조절할 줄 알면 마음을 잡을 수 있고, 마음이 잡히면 신과의 일체성이 구현된다고 본다. 그래서 요가는 잠자는 에너지를 일깨우고 마음을 극복하기 위해 프라나야마(Pranayama)라는 호흡을 주된 수련법으로 하고 있다. 도교에서는 우리가 숨을 쉬는 공기로부터 고차원적인 기 에너지를 의식적으로 끌어내어, 이것을 건강과 치료뿐만 아니라 영적 단련에 활용하고 있다. 샤머니즘에서도 호흡을 조절하여 무아지경에 이르거나 영적인 실체에 접촉하기도 하고, 다른 차원의 존재에 접근하기도 한다.

"지속적으로 내적인 자각을 통해 호흡을 하면, 호흡은 우리가 일반적으로 생각하는 단순한 육체적, 해부학적, 생리적인 차원을 넘어 정신적, 영적인 모든 측면을 포괄하고 있다는 사실을 알게 된다."

데니스 레위(Dennis Lewis), 「The TAO of natural breathing」, 미국

"횡격막은 일종의 영적 근육(a spiritual muscle)이다."

만탁 치아(Mantak Chia), 도교 현인, 중국

　　호흡을 통해 우리 몸에 생명의 기 에너지가 계속 축적되면, 아랫배의 기 에너지가 온몸에 퍼지면서 가슴을 거쳐 머리까지 올라온다. 생명의 기 에너지가 머리에 이르면, 숨어 있던 잠재능력이 활성화되어 머리가 트이기 시작한다. 머리가 트인다는 것은, 혼이 깨어나고, 창조의 힘이 생기고, 전체와 소통할 수 있다는 뜻이다.

　　호흡은 혼(魂)이 살아나게 한다. 호흡은 마음의 눈을 안으로 돌리게 하여 우리의 내면의식 깊숙이 들어갈 수 있기 때문에, 내면의 심층부에 존재하는 잠자는 혼을 깨울 수 있다. 혼은 문화와 지역에 따라 영혼, 자아, 진아, 참나, 본성, 진면목, 성령, 불성 등으로 불린다. 아랫배에 기 에너지가 쌓이면, 이것이 저절로 척추를 타고 위로 상승한다. 머리까지 올라온 이 기 에너지는 뇌 속에서 퇴화되어 있는 송과체[7]를 자극한다. 옛 선조들은 이 송과체가 소우주인 사람을 대우주와 연결하는 안테나라고 생각했다. 송과체가 자극 받아 되살아나면서 잠자던 천목(天目)이 깨어난다. 천목은 마음의 눈인데, 호흡을 통해 이 눈이 깨어나면서 혼이 일깨워진다.

　　호흡은 우주와 내면을 은밀히 연결하는 도구이다. 모든 영적인 교리에 호흡이 필수적으로 포함된 이유가 바로 여기에 있다. 우리말의 '혼' 또는 '영'을 영어로는 'Spirit'이라 한다. 이는 라틴어

---

7) 송과체는 뇌 속에 들어있는 솔방울 모양의 내분비기관으로 송과샘 또는 제3의 눈으로 불려진다. 송과체는 노화를 방지하는 호로몬인 멜라토닌을 분비하며, 낮과 밤의 밝고 어두움이나 사계절의 일조와 일몰시간 변화 등을 감지하는 인체의 시계 역할을 한다. 태어나서 7세까지만 발달하고 그 후로는 점차 퇴화한다. 나이가 들수록 세월이 빨리 가는 느낌을 갖게 되는 것은 송과체의 인체 시계 감지 기능이 점차 퇴화되기 때문이다.

로 호흡이라는 뜻의 'Spiritus'에 나왔다. 서양에서도 전통적으로 영적인 능력을 발현하는 데 호흡을 사용하였다는 뜻이다. 그래서 호흡하는 근육인 횡격막을 영적인 근육(a spiritual muscle)이라고 한다.

혼이 살아나면 지혜가 생겨 세상을 살면서 부딪치는 많은 문제를 슬기롭게 풀어가는 능력이 생긴다. 생각의 폭이 넓어지고, 높은 수준의 합리적인 판단력과 통찰력이 발현된다. 호연지기(浩然之氣)[8]가 길러져서 웬만한 어려움에도 마음이 흔들리지 않는 진정한 밝음의 자리인 정명(正明)에 이르게 된다. 항상 밝은 마음으로 살아가기 때문에 언제나 좋은 일만 생긴다. 신명이 많아져서 항상 즐겁다. 수도인이 호흡 수련 중에 덩실덩실 춤을 추는 것은 천지간에 넘치는 즐거움과 기쁨이 저절로 표현되는 현상이다. 혼이 트이면 오욕칠정(五慾七情)의 마음이 조절되어 희로애락(喜怒哀樂)에 흔들리지 않는 올바른 마음인 혜심(慧心)이 생기며, 이 혜심으로부터 혜안(慧眼)이 열려 세상의 이치를 바로 보는 힘이 생긴다.

호흡을 하면 '창조 능력'이 길러진다. 인간의 두뇌에는 우리의 상상을 초월하는 거대한 잠재능력이 있다. 인간이 평생 쓰는 뇌의 용량은 자기 뇌의 10%에 불과하다고 한다. 20세기의 대천재라 불리는 아인슈타인도 자기 뇌의 15% 정도밖에 쓰지 못했다고 한다. 나머지 80~90%를 어떻게 쓰느냐에 따라 무한한 가능성을 발휘할 수 있다.

호흡으로 충만해진 기 에너지가 머리까지 올라오면 뇌 속의 에너지 통로가 트이기 때문에 약 140억 개의 뇌세포가 활성화 상태에 이른다. 뇌세포가 활성화되면 잠자던 잠재능력이 깨어나면서, 여러 가지 새로운 아이디어가 떠오르는 등 창조력이 길러진다. 평소에

8) 하늘과 땅 사이, 또는 사람의 마음에 차 있는 너르고 굳고 올바른 기운

아랫배에 기 에너지를 많이 모아 둔 사람은 항상 뇌에 신선한 에너
지를 공급하므로 생각을 많이 해도 지치지 않으며, 집중력 있고 폭
넓은 창조적 사고가 가능하다.

또한 기 에너지가 머리까지 가득 차게 되면 간뇌가 활성화되
어 우리의 생각을 실현시키는 능력이 생긴다. 우리의 뇌는 해부학적
으로 크게 대뇌와 간뇌로 구분한다. 대뇌는 정보를 수집하여 판단하
고 지시하는 역할을 하고, 간뇌는 대뇌의 지시를 받아, 이를 분별하
지 않고 몸체에 정직하게 전달하면서 인체의 생명 활동을 조절하고
항상성을 유지시키는 역할을 한다. 맛있는 음식을 생각하면 군침이
도는 이유는, 대뇌가 맛있는 음식을 마음속에 그리면서 '맛있겠다.'
라는 생각을 하면, 간뇌가 대뇌의 생각을 받아서 분별하지 않고 그
대로 자율신경과 호르몬을 자극하여 군침이 나오도록 우리 몸을 조
절하기 때문이다.

눈썹 사이로부터 안쪽으로 위치한 상단전에 집중하여 호흡을
하면 간뇌가 활성화된다. 간뇌의 모습을 마음속에 그리면서 우주의
기 에너지가 간뇌를 자극하는 모습을 떠올리면 더욱 효과가 있다.
간뇌가 활성화된 상태에서 여러 가지 좋은 생각을 불어넣어 보자.
그러면 우리의 생각대로 몸이 반응을 일으킬 것이다. 대뇌로 긍정적
인 생각을 하면 간뇌가 그 긍정적인 생각을 받아서 우리 몸속에 엔
도르핀과 같은 좋은 호르몬을 분비하여 인체의 생명력을 높여준다.
간뇌를 활용하면 우리의 몸을 우리의 생각대로 조절하고 치유할 수
있다.

호흡을 통해 전체와의 소통이 가능하다. 깊게 호흡을 하면 인
간과 우주는 원래 전체로서 하나임을 이해하게 된다. 인간이 소우주
라는 자각이 생긴다. 우주 속에 인간이 존재하고, 인간 속에 우주의

모습이 온전히 담겨 있음을 깨달을 수 있다. 모두가 하나라는 인식이 생기면 주위의 모든 사람, 더 나아가 하찮은 동물과 길가의 풀 한 포기와도 소통이 가능하다. 내가 누군지, 어디에서 와서 어디로 가는지, 그리고 살아가는 동안에 무엇을 해야 하는지에 관한 답도 찾을 수 있다.

호흡은 좁은 의미의 자기에서 벗어나 더 넓고 큰 자기에게로 나아가게 한다. 우리가 마시는 숨결 속에는 그동안 지구 상에 살다 간 무수한 선조의 숨결이 담겨있다. 우리가 내쉬는 숨결은 다음 세대들이 다시 마실 수 있도록 대기 속으로 내보내진다. 우리는 식물들이 노폐물로써 대기 속에 내보낸 산소를 마시면서 우리의 생명을 유지하고 있다. 식물 또한 우리가 노폐물로 내보내는 이산화탄소를 흡수하여 그들의 생명을 위해 사용하고 있다. 이처럼 우리는 호흡을 통해 우주의 생태계와 서로 연결되어 있음을 확인할 수 있다. 호흡을 전체와 관련하여 이해하기 시작하면 우리는 오래된 껍질을 벗고 또 다른 순수한 차원의 나를 향해 나아갈 수 있을 것이다.

호흡의 목적은 사랑이다. 호흡은 건강 그 이상을 추구한다. 우주의 기 에너지가 온몸에 퍼지면 저절로 사랑과 감사의 마음이 가득 차게 된다. 사랑과 고마운 마음을 온 세상과 더불어 나누는 것이 호흡의 진정한 목적이다. 호흡은 근원과의 교통이고, 근원은 사랑 그 자체이다. 가슴에 사랑을 품지 않고서는 결코 근원인 우주와 연결될 수 없다. 사랑은 호흡의 최고의 목적이면서, 동시에 호흡을 위한 최고의 수단이다.

호흡은 나를 온전히 비우게 한다. 우리는 자신에 관해 갖는 왜곡되고 이기적인 '에고' 때문에 항상 긴장하며 산다. 이러한 긴장 탓에 우리의 호흡은 점점 얇아지고 짧아진다. 깊게 호흡을 하면서 날숨과 함께 이러한 '에고'를 밖으로 내보낼 수 있을 때, 비로소 우리의 본질에 귀 기울일 수 있고, 순수한 '참나'로 돌아갈 수 있다. 그래서 호흡은 테크닉이 아니라 자기 비움이라고 한다. 인생에서 최선의 깨달음은 최선의 호흡에서 얻을 수 있다. 그리고 최선의 호흡은 내 안에 있는 이기적인 '에고'를 완전히 비워낼 수 있을 때 이루어진다.

나를 온전히 비운 채, 호흡의 참 목적이 무엇인지를 되새기며 호흡의 삼매에 빠져보자. 깊은 이완 상태에서 내면의 끝없는 고요와 우주의 무한한 에너지를 느낄 수 있을 때, 낡은 것을 버리고 새로운 것을 받아들일 수 있으며, 개별적인 육체의 경계를 넘어 전체 속으로 들어갈 수 있을 것이다.

Summaries

❖ 인체의 기 에너지는 배터리에서 나오는 전류에 비유할 수 있다. 호흡을 통해 기 에너지를 보충하면 배터리는 다시 충전되어, 몸의 기혈이 잘 흐르고 막혀 있던 몸 부위가 뚫리기 시작한다.

❖ 바른숨을 통해 기 에너지가 충만하여 에너지의 순환이 원활해지면, 모세혈관의 활성도가 높아져서 만성적인 불치병이 치료되기도 한다.

❖ 기 에너지가 점점 커지면서 가슴까지 미치게 되면 마음의 문이 서서히 열리기 시작하면서 심전선화(心田善化)가 이루어진다. 마음의 밭이 선하고 부드럽고 편안해진다. 원래부터 지니고 있는 우주의 본성인 사랑이 깨어나 매사에 감사할 줄 알고 다른 사람을 용서하고 베푸는 마음이 넘친다.

❖ 개인이 가지고 있는 편견된 관념과 지나친 집착 그리고 감정의 치우침도 혈관에 낀 플라크처럼 우리 몸에 해롭다. 자연스럽지 못하거나 순리에 어긋나

는 생각은 우리 몸의 전반적인 에너지 흐름을 방해하기 때문이다.

❖생명의 기 에너지가 머리에 이르면, 숨어있던 잠재능력이 활성화되어 머리가 트이기 시작한다. 머리가 트인다는 것은, 혼이 깨어나고, 창조의 힘이 생기고, 전체와의 소통이 가능하다.

❖사랑은 호흡의 최고의 목적이면서, 동시에 호흡을 위한 최고의 수단이다.

❖인생에 있어 최선의 깨달음은 최선의 호흡에서 얻어진다. 그리고 최선의 호흡은 내 안에 있는 이기적인 에고를 완전히 비워낼 수 있을 때 이루어진다.

5. 호흡과 기 에너지

아십니까

기 에너지는 생명 에너지이다

"생명 에너지(vital energy)는 치료 효과가 있는 발광체이다"

피타고라스(Pythagoras, 기원전 5세기), 수학자, 그리스

"유자(流子)라고 이름 붙인 우주의 에너지를 이용하여 환자를 치료할 수 있다. 유자는 우주를 가득 채우고 있는 미세한 실체(subtle physical body)로서 보이지 않는 액체이며, 사람을 포함하여 모든 만물을 연결하고 있다. 이 유자는 매우 미세하기 때문에 에너지 손실이 없이 신경계에 은밀히 침투하여 생물체에 영향을 미치며, 자기적인 특성을 지닌다. 또한 사람의 질병은 몸속에 있는 유자의 흐름에 장애물이 생긴 결과이므로 이것을 제거하면 질병이 낫는다."

메스머(Mesmer, 18세기), 의학박사, 동물자기이론의 창시자[9], 독일

"인간의 몸속에 자리 잡고 있는 '불가사의한 영기(靈氣)'가 신경

---

9)「기가 세상을 움직인다1」, 방건웅, p447

섬유를 따라 전달되며 전기적이고 탄력성이 있다."

뉴턴(Newton,1642~1727), 물리학자, 영국

현대 과학은 인간의 삶의 질을 향상하는데 크게 기여해 왔다. 지금도 새로운 의학적 발견이 우리들의 육체적, 정신적 행복을 더욱 높은 수준으로 끌어올리고 있다. 신체적인 건강을 위해 여러 가지 운동을 하고, 정신을 고양시키기 위해 교육 프로그램에도 많은 투자를 하고 있다. 그러나 이러한 노력에도 불구하고, 우리는 모든 사람에게 존재하면서 가장 큰 잠재적인 힘을 발휘하는 불가사의한 에너지를 간과하고 있다. 이 에너지는 사람이 숨을 쉬면서 몸속으로 받아들일 수 있는 생명의 에너지이다. 우리는 이 생명의 에너지를 기(氣) 또는 기(氣) 에너지라고 부른다.

"사람은 기 가운데 있고 기는 사람 속에 있으니, 천지에서 만물에 이르기까지 기에 의존해 살지 않는 것이 하나도 없다."

갈홍(葛洪,261~341), 중국의 도가 계열 의학자, 「포박자」

"인류는 지금 에너지 의료 시대로 접어들고 있다. 우주 만물에는 고유한 주파수가 있어서, 무엇이든 주파수를 바꾸거나 반대 주파수를 만들어내기만 하면 바뀐다. 질병이든 감정의 문제든, 그밖에 무엇이든, 바꾸려면 그렇게만 하면 된다. 이것은 대단한 일이다. 지금까지 인류에게 일어난 그 어떤 사건보다 멋진 일이다."

벤 존슨(Ben Johnson), 의학박사[10], 미국

---

10) www. healingcodes.com. 「시크릿」, 론다 번

"인간의 육체 이면에 있는 영적인 실체도 진동으로 존재한다."

브레이트 클레인[11], 물리학자

기 에너지는 우주 만물의 생성과 활동의 근원이 되는 에너지
이다. 기는 가장 근원적인 힘이고, 에너지이며, 생명력이다. 또한
그 속에는 우주의 이치가 담겨 있다. 고대의 철학자와 자연과학자들
은 우주를 구성하는 가장 기본적인 물질을 기 에너지로 보고, 세상
의 모든 생명의 활동을 기 에너지의 활동이라고 하였다.

　　20세기 초부터 원자 차원의 미시적 현상을 다루는 양자역학
에서는 물질의 가장 작은 입자는 쿼크이며, 이는 진동이나 주파수
와 같은 어떤 에너지로 존재한다고 본다. 즉 우주 공간이나 우리
의 몸이 진동이라는 에너지로 구성되어 있다는 것이다. 현대 과학
자들은 그 진동이 왜, 어떻게, 어떤 힘에 의하여 움직이는지를 명
확하게 밝혀내지 못하였지만, 동양의 현자들은 일찍부터 경험적으
로 그 원초적인 에너지를 기라고 부르며, 이를 양생하고 활용하는
법을 터득했다.

"사람에게 생명이 있음은 모두 이 기에 의존한다. 기가 있으면 산
것이요, 기가 없으면 죽은 것이다."

장경악, 중국 명대의 명의, 「경악전서」

"기공의 역사는 약 3,000년이며, 유물로 살펴보면 7,000년까지도
거슬러 올라간다. 이것은 도덕적 힘과 육체적 힘을 기르고 수명을
늘리며 잠재능력을 탐구하고 계발하기 위한 신체적, 정신적, 철학

---

11) 「생각치유법」 이성권, p43.

적 훈련 체계이다."

안(Yan Xin), 기공학자, 중국12)

기 에너지는 생명의 에너지이다. 온몸의 구석구석을 흐르는 생명의 근원이다. 우리 인간은 기 에너지를 계속 보충해야 생명력이 강화된다. 사람은 어머니 모태에서 선천적으로 받은 기 에너지가 있다. 이를 선천의 기 또는 진기(眞氣)라고 하는데, 이는 세월이 흐름에 따라 고갈되기 마련이다. 사람이 나이가 들수록 부족해지는 선천의 기만큼 후천적으로 이를 보충해주어야 건강이 유지된다. 후천의 기 에너지를 어떻게 양생하여 보충을 하느냐에 따라 우리 몸의 생명력이 좌우된다.

우리 민족은 기의 민족이다

최근까지 많은 나라에서 기 에너지에 관한 연구가 진행 중이다. 중국에서는 많은 기공사를 적극적으로 활용하여 다양한 실험과 분석을 행하여 기 에너지에 관한 연구 결과를 쌓아가고 있다. 기가 존재하느냐의 여부는 이미 지나간 논제이며, 기 에너지의 실제적인 응용 단계로 접어들었다. 일본은 90년대 초반부터 기공에 대한 연구를 추진하기 시작했다. 국립 연구소인 '방사선 종합 연구소'가 이 분야에 뛰어들면서 본격적인 연구를 하고 있다.

미국에서는 기하급수적으로 늘어나는 의료 비용을 감당하기 위하여 국가적 차원에서 대체의학으로써 연구가 활발히 진행 중이

1부
숨
이야기

12) 「기가 세상을 움직인다 1」, 방건웅, p333

다. 유럽과 러시아에서도 기에 대한 역사가 오래되었다. 생체 에너지에 대한 연구를 많은 사람이 꾸준히 하여 왔다. 기 에너지를 오드 힘(Od force), 오르곤 에너지(Orgone energy)라 부르며, 이 개념을 더욱 확장하여 대기 중에 충만한 우주 에너지라고 보고 있다.

우리 민족은 기의 민족이다. 예부터 우리 선조들은 생활 속에서 기를 받아들이고, 가깝게 느끼고, 활용하며 살아왔다. 우리나라에서는 기의 개념을 빼고는 전통문화를 논하기가 어렵다. 우리나라 태극기에도 그대로 나타나 있다. 태극 문양 속의 음과 양, 그리고 건곤감리의 4가지 괘는 기본적으로 기를 바탕으로 우주 만물의 생성과 변화의 원리를 설명하고 있다. 일상으로 쓰이는 말 속에 기와 관련되는 낱말이 우리나라만큼 많은 나라도 없다. '기가 넘친다.', '기가 부족하다.', '기가 세다.', '기가 약하다.', '기분이 좋다.', '기를 준다.', '기를 받는다.' 등등. 우리의 하루하루 생활이 모두 기의 지배를 받고 있거나 기의 영향권에 있다. 그것은 우리나라가 우주 만물의 근원이 기에서 비롯된다는 동양 사상의 중심에 서 있기 때문이다.

일상생활 중에서도 기와 관련된 것이 많다. 아이들이 배앓이를 할 때 할머니들이 흥얼흥얼 노래하는 듯이 "우리 손자 아픈 배, 어서어서 낫거라." 하면서 배를 쓸어주는 것도 지혜로운 기의 활용법이다. 아이들이나 다른 사람의 배를 열심히 쓸어주다 보면 자신이 먼저 트림을 하는 경우도 있다. 이것은 배가 낫기를 바라는 무의식적인 정신 집중이 내부의 기를 발동시켜 일차적으로 먼저 자신의 장기에 영향을 주었기 때문이다. 이 정도의 집중만으로도 자신이 모르는 사이에 기가 운기되고 있다는 뜻이다.

더운 복날에 삼계탕 먹는 풍습도 기운을 보양하기 위한 것이다. 삼복을 기점으로 양의 계절에서 음의 계절로 넘어가는데, 더운

여름에 시달리면서 양기가 소진된 사람은 양기의 음식인 닭에 양기의 약재인 인삼을 넣고 푹 곤 삼계탕으로 양기를 보양하였다.

요즘에는 기운이 서려 있는 산이나, 기를 발산하는 상품과 음식이 인기가 많다. 기가 있는 곳이라면 사람들은 기를 쓰고 달려간다. 그러나 기에 대한 폭발적인 인기와 관심에 비해서 기 그 자체의 실체에 대하여 제대로 이해하고 있는 사람은 많지 않다. 천지간에 존재는 하지만, 형체도 없고, 맛도, 냄새도, 소리도 없는 기에 대해서 관념적으로만 생각하고 추측하고 있을 뿐이다. 물고기가 물속에서 물의 존재를 느끼기 힘들 듯이, 기에 둘러싸인 사람이 기를 느끼지 못하는 것은 어쩌면 당연하다. 그러나 우리는 기를 빼놓고 생명의 현상이나 일상생활을 설명하기는 힘들다.

기는 과학적이고 우주적이다

 "20세기가 전기 에너지의 시대였던 것처럼, 21세기에는 기 에너지에 대한 연구 결과가 쌓여서, 기 에너지가 새로운 에너지원으로써 널리 쓰이게 될 가능성이 있다. 기는 의식, 곧 정보의 지배를 받는 에너지의 성질이 있어 기의 과학화가 진전된다면, 인공지능 로봇, 개인의 의식이나 감성을 제어하는 장치, 자연환경을 회복하는 장치 등등의 새로운 산업의 씨앗이 될 가능성이 있다."

사사키 시게미 교수, 도카이 대학, 일본

"신경 속의 공간을 채우는 것이 동물의 영기로서 혈액의 흐름과
연관이 있다."

데카르트(Descartes), 수학자, 프랑스

기는 우리 몸의 경락을 따라 온몸을 두루 순환한다. 인체의 각
기관과 조직의 구석구석 아주 미세한 부분까지 골고루 미치면서 생리
활동을 촉진한다. 그래서 인간은 기가 잘 돌아갈 때 건강하며, 자연
과 인간의 기가 조화를 이룰 때 몸과 마음의 평화를 찾을 수 있다.

심기혈정(心氣血精)이라는 말이 있다. '마음이 가는 곳에 기
가 가고, 기가 가는 곳에 혈(血)이 따르고, 혈이 가는 곳에 정(精)이
간다.'는 것이다. 기는 형체가 없지만 마음에 의해 움직인다. 그래
서 마음을 통해 모으고 전달할 수 있다. 누군가를 진심으로 존경하
게 되면 말하지 않아도 그 존경하는 마음이 기를 통해 상대방에게
전해진다. 좋은 마음을 쓰면 좋은 기가 가지만, 나쁜 마음을 쓰면 나
쁜 기가 간다. 이것은 식물이나 동물뿐만 아니라 무생물에도 해당된
다. 거칠고 화를 내면 기계도 잦은 고장과 이상을 일으키기도 한다.

손바닥의 기혈을 열 때도 마음으로 열면 된다. 마음으로 손바
닥에 '기를 느낀다.'고 생각하면서, 그곳에 마음을 집중하면 세포의
진동을 느낄 수 있다. 예부터 '어머니 손이 약손'이 되는 까닭은 진
심으로 아이를 사랑하는 마음 쓰기에 따라 기 에너지가 손바닥으로
부터 방출되어 전달되기 때문이다.

사람은 기를 받아 태어나고, 기로써 존재한다. 사람은 기라는
진동의 집합체이며, 사람마다 진동으로 만들어진 고유의 에너지 장
을 지니고 있다. 인체와 지구의 진동이 서로 동조화되어 인체의 에
너지 장과 지구의 에너지 장이 공명을 이루게 되면, 몸과 마음이 안

정되어 자연적인 치유 능력이 좋아진다. 땅속에 수맥이 지나가는 방에서 잠을 자고 나면 몸이 개운하지 못한 이유는, 지구의 에너지 장이 수맥에 흡수되거나, 수맥파에 의하여 교란되어 인체의 에너지 장과 상충하기 때문이다.

인체의 기는 자연환경과 생활 습관 그리고 기분과 밀접한 관계가 있다. 자연의 환경이 수려하고 삼림이 우거진 산야에서는 기분이 상쾌해지는데, 이런 곳에서는 우리 몸이 자연의 생기를 흡수하기 때문이다. 또한 마음속에 욕심, 걱정, 불안이 없고 평온하고 조용한 마음을 가지면 기가 저절로 증가하고, 기의 순환이 순조로워진다. 마음속에 사랑하는 사람이나 아름다운 자연경관을 떠올릴 때, 남에게 선행을 베풀었거나 창의적이고 긍정적인 생각을 가질 때, 체내의 기 순환은 더욱 왕성해진다.

기 에너지는 과학적으로 입증되고 있다. 일부에서는 기 에너지는 보거나 만질 수 있는 것이 아니므로 쉽게 인정하지 않는다. 오히려 비과학적이거나 미신적인 것으로 돌리는 경향이 있다. 그러나 기의 실체가 여러 가지 실험과 연구를 거쳐 과학적으로 입증되고 있다.

대접에 담긴 물에 기 에너지를 불어넣은 후, 물의 분자구조를 분석했더니 6각형으로 변해 있었다. 또한 꽃에 기 에너지를 주고 촬영을 했더니, 오라 색이 더욱 밝고 건강한 색채로 나타났다. 뿐만 아니라 북경의 면역연구센터는 기가 암세포를 파괴할 수 있다는 사실을 발표하여 학계의 이목을 집중시키기도 했다. 아직은 기 에너지의 작용이 너무나 다양하고 신비하여 그 실체를 완전히 밝히지 못했다. 그러나 인간이 겸손한 마음으로 우주의 본질에 다가갈 때, 우주의 신비는 조금씩 문을 열어줄 것이다.

우리는 기 에너지라는 우주적인 현상과 법칙을 이해하지 못한다고 해서 그것을 거부할 필요는 없다. 나는 과학도가 아니기 때문에 전기가 어떻게 만들어지고 컴퓨터가 어떻게 구동하는지에 대하여 정확히 모른다. 하지만 전기로 컴퓨터를 작동시키면 원고 작업을 수월하게 할 수 있다는 것은 잘 알고 있다. 기 에너지의 생성 원리와 법칙에 대하여도 마찬가지이다. 비록 기 에너지의 원리와 법칙에 대하여 정확히 모르지만, 나는 그 힘이 있다는 사실은 분명히 느끼면서 활용하고 있다. 우주의 법칙에 대하여는 '왜?', '어떻게?'라는 질문은 별 도움이 되지 않는다. 우주의 법칙은 우주가 관장하는 영역이다. 우주의 법칙은 우주에 맡기고, 인간은 그 존재와 힘을 믿고 따르면 반드시 우주적 반응이 나타나게 되어 있다. 그리고 그 결과에 놀라서 눈을 뜨지 못할 것이다. 마법과 기적이 일어나는 순간을 맛보기 바란다.

호흡과 기 에너지

"동양의 호흡 수련 중에 이마와 전신에서 강한 자장이 측정되었다."

히사미츠 연구팀, 소와대학 의학부, 일본

"기공 수련에 있어 호흡의 중요성에 착안하여 3명의 기공사를 대상으로 뇌파와 호흡의 관계를 측정하였다. 호흡 수련을 하는 동안에 전두엽에서 알파파가 증가하고, 우측 뇌의 알파파 및 베타파가 강화되는 것을 발견하였다. 또한 손바닥에는 1Hz의 신호가 감지되었다."

"기의 순환은 호흡과 관련이 있다. 숨을 최대한으로 마실 때, 호

흡과 같은 리듬으로 후두엽에서 전두엽으로 알파파가 이동하는
현상이 관찰되었다.”

가와노와 마치, 기공연구가, 일본[13]

“호흡을 계속 수련하면 외부 세계로부터 기 에너지를 끌어올 뿐
만 아니라, 내부 세계의 에너지 흐름을 원활히 하여, 몸과 마음 그
리고 감정을 조화롭게 할 수 있다.”

데니스 레위(Dennis Lewis), 「The Tao of Natural Breathing」, 미국

우리는 호흡을 통해 음식을 에너지로 바꾸는 데 쓰이는 산소
뿐만 아니라 생명을 유지하는 데 필요한 우주의 생명 에너지도 함께
흡입한다. 우주의 에너지 장에 연결되어 있다는 생각으로 숨을 깊게
천천히 쉬면, 우주에 가득 차 있는 생명의 에너지가 우리 몸속으로
들어온다. 호흡을 하면서 고요한 마음으로 아랫배에 집중하여 내적
인 응시를 하면, 통상적으로 느낄 수 없는 기 에너지의 진동이나 압
박감 같은 어떤 느낌을 감지할 수 있다. 이러한 느낌은 우주의 기 에
너지가 우리 몸속으로 들어오고 있다는 신호이다.

사람은 어머니의 배 속에 있을 때는 탯줄을 통해 기운을 받는
다. 세상에 태어나면서 탯줄을 통한 기운 공급은 끝이 나고, 주로 호
흡을 통해서 우주의 기 에너지를 받는다. 숨을 쉴 때 기 에너지는 숨
결과 함께 코로 들어오기도 하고, 우리 몸에 분포되어 있는 수많은
혈자리를 통해서도 들어온다.

여러 혈자리 가운데에서도 정수리에 있는 백회혈이 가장 중
심된 기운 구멍이다. 어릴 때는 정수리가 열려 있기 때문에 기운이

13) 「기가 세상을 움직인다1」,방건웅, p263, 346, 369,

많이 들어온다. 그러나 살아가면서 욕심과 분노와 같은 오욕칠정에
시달리면서 정수리의 기운 구멍이 점점 막히고 기 에너지의 출입도
약해진다. 외부로부터 기 에너지 공급이 약해지면 생체 리듬의 균형
이 무너지고 각종 질병이 발생하기 시작한다. 막혀있는 정수리를 호
흡을 통해 뚫어주면 다시 어린아이처럼 기 에너지를 왕성하게 받을
수 있다. 숨을 마실 때 의식적으로 정수리가 열리는 이미지를 그리
면서 깊게 호흡을 해보자.

　　우리 몸에 흐르는 기운은 아랫배에 있는 기 에너지 저장소의
배터리에서 나오는 내적 에너지이다. 배터리에 충전된 기 에너지는
일상생활에 쓰이면서 소모되고, 음식과 깊은 호흡을 통해 재충전된
다. 젊은 시절에는 배터리에 기 에너지가 충분히 저장되어 있기 때
문에 기운이 우리 몸을 활발히 순환한다. 나이를 먹으면서 배터리의
충전이 고갈되기 시작하면 우리 몸의 에너지 흐름이 줄어든다. 처음
에는 신체의 말단 부위인 손가락과 발가락부터 점점 약해지기 시작
한다. 내적인 배터리에 기 에너지가 고갈되어 간다는 것을 느꼈다
면, 그때야말로 바로 깊은 호흡을 시작할 때이다. 아침에 일어나 눈
을 뜰 때 바로 일어나지 말고, 몇 분가량 조용히 깊은 호흡으로 내적
배터리를 충전하는 습관을 들이자.

　　한의학에서는 80~90세가 넘은 환자에게는 한약이나 침과 같
은 기를 보강하는 처방을 하지 않는다고 한다. 사람이 어떤 나이에
도달하면, 외부로부터 기를 자극하지 말고, 기가 자연스럽게 빠져나
가는 흐름을 그대로 놔둬야 한다는 논리이다. 나이 든 사람에게 기
자극을 하게 되면 노년에서 중요한 역할을 하는 기의 자연스러운 흐
름을 방해하기 때문이다. 그러나 깊은 호흡을 통해 얻어진 기 에너
지는 한약이나 침과 같은 외부의 자극으로부터 얻어진 것이 아니다.

우주의 에너지 장으로부터 얻어진 자연적인 에너지이다. 나이가 들수록 깊은 호흡을 해야 하는 이유가 바로 여기에 있다.

사람의 평균 수명은 80세가량이다. 그러나 건강 수명은 70세에 불과하다. 평균적으로 노년에 10년가량은 몸이 불편한 상태로 보낸다는 의미이다. 세월이 갈수록 우리가 태어날 때의 모습대로 숨 쉬는 연습을 함으로써 노년의 허약함을 극복하고 새로운 차원의 자기 회복과 치유의 맛을 경험할 수 있을 것이다.

"부분적인 호흡으로는 부분적인 인생밖에 살 수 없다."라는 서양 속담이 있다. 그들은 호흡을 단순히 산소를 흡입하는 이상의 의미로 보고 있다. 일생 동안 부분적으로 얕게 호흡하는 사람은 깊게 숨을 쉬는 기쁨과 혜택을 결코 경험할 수 없을 것이다. 지금도 늦지 않다. 바른숨을 통해 기 에너지의 충만으로부터 나오는 높은 수준의 행복을 느껴보자.

단전 이야기

"기의 본원지는 양쪽 두 개의 신장 사이에 위치한다."

동의보감

"붉은 단전 부위에 정성을 다하여 공을 들이면 단전에 어떤 기운을 느끼며, 손바닥의 노궁혈과 발바닥의 용천혈로 동시에 기가 흘러 들어오는 것을 느낄 수 있다."

「도장」, 도교의 경전

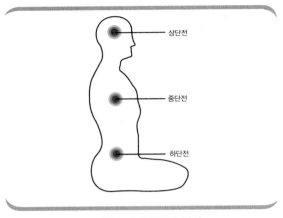

그림 1-6 3단전의 위치

단전(丹田)이란 '열이 나는 밭'이란 뜻이다. 우리말로는 '불두덩'이라 한다. 단전은 호흡을 통해 들어온 기 에너지를 모으고 보관하기 위한 그릇이다. 만지거나 볼 수 있는 장기는 아니지만, 힘의 원천이요, 정과 혈이 모이는 보고(寶庫)이며, 핵심적인 장기가 모여 있는 곳이다. 단전은 생명력의 진수이자, 에너지의 근원이다. 이 단전을 선(禪) 수행에서는 '하라(hara)'라고 부르며, 서구에서는 '코아(core)'라고 부른다. 중국에서는 전통적으로 '단전' 혹은 '기를 담는 그릇(盧)'이라 부르고 있다.

사람의 몸에는 3개의 단전이 있다. 머리의 이마 안쪽에 위치한 상단전(上丹田), 가슴의 심장 부위에 위치한 중단전(中丹田), 그리고 아랫배 안쪽에 하단전(下丹田)이 있다. 일반적으로 단전이라 할 때는 하단전을 가리킨다. 단전은 하나의 특정한 점이 아니라 일정한 구역이다. 사람에 따라 배꼽 위치의 높낮이가 다르기 때문에 단전의 위치를 정확하게 말하기가 어렵지만, 주먹만 한 크기의 붉은 기운 덩어리가 아랫배 안쪽에 위치해 있다고 상상하면 맞다.

단전은 기운의 중심자리이다. 호흡으로 들어온 기 에너지는 단전에 쌓인다. 단전에 기 에너지가 쌓이면 경락을 따라 전신에 퍼져 나가면서, 병에 대한 저항력과 자연치유력이 강해져 병을 예방하거나 치유할 수 있다. 인체의 건강은 바로 단전에 어느 정도 기 에너지를 쌓느냐에 달려있다.

단전은 모든 기운의 원천이기에 인간의 모든 행동은 단전으로 이어지고 단전으로부터 나온다. 사람의 동작 하나하나가 단전으로부터 추진력을 받게 될 때, 비로소 그 동작은 생동감과 조화로움을 얻는다. 예를 들어 환자가 육중한 몸을 침대에서 일으킬 때는 육체적인 힘만으로는 부족하다. 이럴 때도 단전에 집중하여 단전의 힘을 끌어내어 몸을 일으킨다고 생각하면 수월하게 일어날 수 있다.

여러분이 다른 사람 앞에서 연설을 할 때에도 단전을 활용할 수 있다. 단전을 의식하고 청중을 바라보게 되면, 청중에 대한 두려움도 없어지고, 여러분의 자태는 한결 품위 있고 우아한 모습으로 보이게 될 것이다. 여러분의 목소리는 단전의 에너지를 품고 있어 청중에게 한결 감동적으로 전달된다.

운동할 때도 단전을 활용하면 큰 효과를 볼 수 있다. 운동선수는 단전을 의식적으로 강하게 인식함으로써 몸의 상태를 최상으로 끌어올릴 수 있다. 아랫배의 단전에 마음을 모아, 그곳으로부터 행동을 이끌어 내면, 단순히 뛰어오르는 간단한 동작에서도 몸이 훨씬 가볍고, 조정력이 생기는 것을 느낀다.

단전의 에너지를 밖으로 분출시킬 수도 있다. 군사들이 공격할 때 숨을 내쉬면서 고함을 지른다거나, 테니스 선수가 볼을 맞힐 때 소리를 지르는 경우도 이에 해당한다. 순간적인 힘을 가해 벽돌을 깰 때도, 숨을 마셔 조직에 긴장을 주어 힘이 생기게 한 후, 순간적으로 숨을 내쉬면서 고함과 함께 내려칠 때 힘을 최대한으로 발휘할 수 있다.

단전은 마음의 중심 자리이다. 단전은 신체의 중심점일 뿐만 아니라, 정신과 감정의 중심 자리이기도 하다. 마음을 단전에 집중하면 감정이 한쪽으로 치우치지 않는다. 마음이 들뜨거나 흔들리지 않게 하는 뿌리와 같은 역할을 한다. 마음을 단전에 집중하면 모든 근심과 잡념이 사라진다. 그래서 날마다 생활의 뿌리를 단전에 둘 필요가 있다. 단전을 통해 생각하고, 단전을 통해 말하고, 단전을 통해 행동하면 놀라운 기적을 경험할 수 있다.

인간의 정신 활동도 단전에 뿌리를 내리면 잘 조정할 수 있다. 여러 가지 정신적 활동을 단전에 실로 연결된 연이라고 상상하라. 단전이 충분히 단련되어 있으면 정신의 연을 멋지게 날릴 수 있다. 여러 개의 연을 동시에 날리기도 하고, 높게 날려 보내기도 하고, 연이 길을 잃을 때는 다시 얼레에 감아볼 수도 있다.

단전은 오직 호흡과 집중된 마음으로만 일깨워진다. 우주의 기 에너지를 몸속으로 들어오게 하는 것은 호흡이고, 이러한 기 에너지를 단전에 모으는 것은 집중된 마음의 힘이다. 아랫배에 마음을 집중한 채 우주의 기 에너지가 내 몸에 들어와서 모인다는 상상을 하면서 호흡하면, 상상한 대로 단전에 기 에너지가 모인다. 단전에 모인 기 에너지는 경락을 통해 전신에 골고루 흐르면서 생명력을 전달한다. 집중을 하면 할수록 단전은 더욱 충실히 단련된다. 숨을 쉴 때 폐에 공기를 더 채우려 하는 것보다 단전을 향해 최대한으로 집중하는 것이 중요하다.

단전은 해부학적으로 존재하지 않기 때문에 눈으로 볼 수는 없다. 그러나 단전에 집중을 하면 기 에너지가 단전에 모이면서 점점 커지는 것을 느낄 수 있다. 숨을 마실 때 이곳에서 연꽃이 환하게 피어나고, 숨을 내쉴 때는 연꽃이 닫히는 상상을 해보는 것도 좋다. 연꽃이 열리면서 우주의 기 에너지가 몸속에 들어와서 단전에 모이고, 연꽃이 닫히면서 우리 몸속의 나쁜 기운이 숨결과 함께 빠져나간다고 생각하는 것도 멋진 방법이다. 깊은 호흡으로 단전을 잘 단련할 수 있다면, 여러분은 새로운 차원의 존재에 눈을 뜨게 될 것이다.

호흡과 정

> "정은 몸보다 먼저 생기며, 오곡을 먹어 생긴 영양분이 정을 만든다."
>
> 「동의보감」

> "정이란 신체의 본(本)이다. 진기는 하늘로부터 받으며, 곡기와 함께 몸을 충실하게 한다."
>
> 「황제내경」[14]

사람이 살아가는 데 필요한 기본적인 에너지가 정(精)이다. 정은 몸의 뿌리이다. 좁게는 정액을 뜻하기도 하지만, 넓게는 생식과 생명 활동을 가능하게 하는 기본 물질이다. 정(精)은 쌀 미(米)와 푸를 청(靑)의 합자이다. 매일 먹는 음식물과 호흡을 통해서 생성된다는 것을 의미한다. 그래서 음식(米)을 통해서 땅의 기운을 섭취한 만큼, 호흡(靑)을 통해서 하늘의 기운을 마셔야 정이 만들어진다. 정은 신장(콩팥)이 주관하고 아랫배 단전에 축적된다. 신장은 우리 몸

14) 중국 춘추전국시대에 저술된 것으로 현존하는 의학 이론서 중에서 가장 오래된 책이다.

에 있는 정을 갈무리하고 관리하는 장기이다.

살아가면서 소모되는 정은 인위적으로 보충을 해주어야 건강이 유지된다. 갓 태어난 아기의 경우에는 선천적으로 지니고 있는 정만으로도 살아가는 데 문제가 없다. 그러나 사람은 살아가면서 끊임없이 정을 소모한다. 소모된 정만큼 음식과 호흡을 통해 후천적으로 보충해 주어야 한다.

자동차에 비유해보자. 공장에서 갓 출고된 자동차에는 기본적으로 배터리에 전기가 충만하게 저장되어 있다. 주행 할 때는 공기로 가솔린을 연소시켜, 일부는 동력으로 쓰고 나머지는 소모된 전기를 보충하기 위해 배터리에 비축해둔다. 세월이 가면 자동차의 동력 생산능력은 물론, 이를 저장하는 배터리의 성능도 저하된다.

사람도 마찬가지다. 태어날 때는 누구나 자동차 배터리와 같은 선천의 정을 충분히 가지고 있다. 그 이후는 공기를 마시고, 음식을 섭취하면서 후천의 정을 만든다. 후천의 정은 일부는 몸을 움직이는 에너지로 사용하고, 나머지는 소모된 선천의 정을 보충하기 위해 배터리에 해당하는 단전에 저장된다. 사람도 자동차와 마찬가지로 세월이 가면 에너지를 만드는 생체 구조는 점점 노화되고, 정을 주관하는 신장의 성능도 떨어진다. 그래서 인간이 기본적인 생명력을 유지하기 위해서는, 음식을 통해 땅의 기운을 섭취하고, 호흡을 통해 하늘의 기 에너지를 받아들여 후천적인 정을 충분히 만들어 단전에 축적해야 한다.

후천적으로 정을 만들기 위해서는 음식과 호흡의 균형이 무엇보다 중요하다. 아무리 영양이 많은 음식을 섭취하더라도 호흡을 통해 마시는 하늘의 기운이 부족하거나, 하늘의 기운은 충분하더라도 음식을 통한 땅의 기운이 부족하면 정을 충분히 만들 수 없다. 음식을 먹는 만큼 호흡도 충분히 해주어야 충분한 정이 만들어진다. 음식과 호흡 가운데 어느 하나가 부족하면 당연히 정도 부족하게 된다.

사람의 몸에 정이 부족하면 제일 먼저 생각나는 것이 보양 음식이다. 그러나 현대인들이 정이 부족한 이유는 음식을 충분히 섭취하지 못하기 때문이 아니라, 호흡을 완전하게 하지 못하기 때문이다. 사람이 매일 섭취하는 영양분은 이미 우리 인체가 필요한 양보다 훨씬 많다. 영양분은 이미 필요한 섭취량을 초과했기 때문에 더 이상의 영양 보충은 정을 만드는 데 전혀 도움이 되지 않는다. 오히려 영양 과잉 상태가 되어 비만과 당뇨병과 같은 성인병의 원인이 된다.

소모되어 가는 정을 후천적으로 보충하기 위해서는 깊은 호흡을 통해 산소와 기 에너지를 충분히 공급해주어야 한다. 지금은 풍요의 시대이다. 앞으로도 더욱 그럴 것이다. 특히 먹거리에 있어서는 더욱 그렇다. 없어서 못 먹는 것이 문제가 아니라, 너무 많이 먹는 것이 문제이다. 노화로 인해 점점 약해지는 생명력을 보충하기 위해서는 새로운 차원에서 접근할 필요가 있다. 호흡을 바르게 하는 방법이다. 깊은 숨쉬기를 통해 산소와 기 에너지를 충분하게 받아들일 때 우리 몸의 정은 강화된다.

사람은 태어난 직후에는, 호흡의 숨결이 아랫배 단전까지 충분하게 내려간다. 그러나 성장하면서 세상살이의 어려움으로 인해 기운의 구멍이 막히고 횡격막이 굳어지면서, 숨의 중심점이 올라가고 호흡의 길이가 짧아진다. 그 결과 하늘로부터 기 에너지의 공급이 약해지고 정이 부족하여 각종 병이 생기기 시작한다. 이러한 상태에서는 아무리 명약이나 보양 음식을 섭취하더라도 근원적인 생명력을 복원하기 어렵다. 어린아이와 같이 깊은 호흡을 통해 숨결을 단전에까지 내릴 수 있어야 새로운 정이 만들어진다.

안타깝게도 대부분의 사람은 호흡에 대하여 특별한 관심을 두지 않는다. 자신의 호흡 습관이 좋은지 나쁜지도 잘 모른다. 호흡을 하면서 크게 불편함을 느끼지 못하기 때문에 호흡을 바르게 하고 있는지에 대한 생각조차 하지 않는다. 원래 보편적이면서 항구적으로 일어나는 불편은 우리 몸이 느끼지 못하는 법이다. 호흡의 나쁜 습관 그 자체보다도 그것을 느끼지 못하는 현실이 더욱 심각한 문제이다. 병의 근원이 바르지 못한 호흡에서 비롯된다는 것을 지적해주는 사람이나 단체도 많지 않다. 현대 의학에 종사하는 사람들조차도 기 에너지에 대한 과학적 고찰이 없다는 이유로 부정적인 시각을 가지고 있는 것이 현실이다.

호흡의 오묘한 법칙은 과학을 넘어선 우주적 차원의 그 무엇이다. 호흡은 생명력을 발하게 하는 하늘이 내린 선물이다. 신이 생명체에게 내려준 호흡을 과학적 시각만으로 바라보는 것은, 인간이 우주의 영역을 판단하는 것과 다름이 없다. 원래 우주가 품은 지고의 진리는 불완전한 인간의 눈에는 비과학적으로 보일 수 있다. 과학은 호흡을 단순히 공기 중의 산소를 체내로 흡입하여 에너지로 사용하고, 그 찌꺼기인 이산화탄소를 몸 밖으로 배출하는 메커니즘으로만 보고 있다. 즉 호흡의 일부분만 보고 있다.

호흡을 완전히 볼 수 있기 위해서는 보이지 않는 세계를 통찰할 수 있는 안목이 필요하다. 전체를 하나로 바라볼 수 있는 혜안이 열려야 호흡을 온전히 볼 수 있다. 그래서 극히 일부 선각자와 같이 깊은 지혜를 가진 자만이 호흡을 볼 수 있었다. 호흡의 맛을 느끼지 못한 사람에게 아무리 호흡 이야기를 해도 믿으려 하지 않는 이유가 바로 여기에 있다. 원래 우주적인 진리는 인간이 만들어 낸 언어로는 정확히 표현할 수 없다. 설사 어렵게 전달이 되었다고 하더라도, 호흡에 대하여 상호 간에 경험의 공유가 이루어지지 않아, 그 중요성이 제대로 알려지지 않고 있는 실정이다.

정 · 기 · 신이란?

　　예부터 동양의 선조들은 오랜 경험과 통찰을 통해서, 인간의 생명은 3가지의 기본적인 에너지, 즉 정(精) · 기(氣) · 신(神)으로 이루어져 있다고 보았다. 정(精)은 근육, 혈관, 뼈, 내장, 신경, 세포 등 인체 조직과 기관을 형성하는 육체적인 기본 물질이며, 신장이 있는 하단전에 저장된다. 정이 충만하면 외부의 환경 변화에 적응하는 능력이 높아지고 면역력이 강해진다. 인체의 생명 활동이 활발하여 혈색이 건강한 모습으로 변한다. 바른 호흡으로 하늘의 기 에너지를 마시고, 땅으로부터 알맞은 음식의 섭취로 몸을 잘 다스리면 하단전에 정이 충만해진다.

　　기(氣)는 신체의 전신을 순환하면서 각 기관과 조직의 생리 활동을 촉진하여 생명 현상을 유지하게 하는 생명 에너지이다. 하단전에 정이 충만하면 가슴에 있는 중단전까지 뻗치게 되는데, 중단전에 의식을 집중하여 호흡을 계속하면 정이 승화되어 기로 변한다. 몸에 기가 잘 돌아가면 장부의 생리 활동이 촉진되어 혈액순환과 신진대사가 활발히 일어날 뿐만 아니라, 큰마음이 일어나 세상 만물에 대한 순수한 사랑을 품을 수 있다.

　　신(神)은 생명체의 정신, 의식, 지각과 같은 의식 활동을 주관하는 고차원적인 에너지이다. 동의보감에 "제일 좋은 것은 신의 보양이고, 육체의 보양은 그 다음이며, 신이 편해야 장수하고, 신이 없어지면 육체도 없다."라고 했다. 중단전의 기가 장대해져서 상단전이 있는 머리에까지 뻗치고, 하늘의 밝은 기운으로 상단전을 계속 단련하면 기가 승화하여 신으로 변한다. 신이 밝아지면 지혜가 열려 사리 판단이 정확하며 창조적 혜안이 열린다. 신이 완성되면 진정한 인간 완성의 길로 나아가게 된다.

정·기·신은 우리 몸의 세 가지의 보배라 하여 삼보라고 한다. 정·기·신은 생명 에너지의 등급을 말하는데, 정에서 기, 기에서 신으로 갈수록 순도가 높은 에너지이다. 자동차에 비유하면 차의 엔진, 타이어, 부품 등 차체는 정에 해당하고, 차체를 움직이게 하는 휘발유와 배터리는 기에 해당한다. 그리고 운전하는 사람은 차를 바르게 운행하도록 하는 신에 해당한다. 차체가 튼튼하고, 휘발유와 배터리가 충분히 충전되어 있고, 운전하는 사람이 바르게 운전할 때 차는 잘 운행된다.

우리 몸도 하단전에 정을 잘 갈무리하고, 중단전에서 기를 양생하며, 상단전에서 신을 밝혀, 정·기·신이 삼위일체로서 균형 있게 작용해야만 완전한 건강체를 유지할 수 있다. 정·기·신을 강화하면 육체적으로 건강해지고, 정서적으로 평안하고, 사회적으로 조화롭고, 영적으로 밝은 사람이 된다. 예부터 바른 호흡을 통해 정·기·신을 강화하고 인간 완성의 길로 나아가는 것이 선도의 목표이다.

Summaries

❖기는 우리 몸의 경락을 따라 온몸을 두루 순환한다. 인체의 각 기관과 조직의 구석구석 아주 미세한 부분까지 골고루 미치면서 생리 활동을 촉진한다.

사람은 기를 받아 태어나고, 기로써 존재한다.

❖사람은 기라는 진동의 집합체이며, 사람마다 진동으로 만들어진 고유의 에너지 장을 지니고 있다.

❖호흡을 계속 수련하면 외부 세계로부터 기 에너지를 끌어올 뿐만 아니라, 내부 세계의 에너지 흐름을 원활히 하여, 몸과 마음 그리고 감정을 조화롭게 할 수 있다.

❖단전은 호흡을 통해 들어온 기 에너지를 모으고 보관하기 위한 그릇이다. 만지거나 볼 수 있는 장기는 아니지만, 힘의 원천이요, 정과 혈이 모이는 보고(寶庫)이며, 핵심적인 장기가 모여 있는 곳이다.

❖단전은 신체의 중심점일 뿐만 아니라, 정신과 감정의 중심 자리이기도 하다. 마음을 단전에 집중하면 감정이 한쪽으로 치우치지 않는다. 마음이 들뜨거나 흔들리지 않게 하는 뿌리와 같은 역할을 한다.

❖단전은 오직 호흡과 집중된 마음으로만 일깨워진다. 우주의 기 에너지를 몸속으로 들어오게 하는 것은 호흡이고, 이러한 기 에너지를 단전에 모으는 것은 집중된 마음의 힘이다.

❖호흡의 오묘한 법칙은 과학을 넘어선 우주적 차원의 그 무엇이다.

❖호흡은 생명력을 발하게 하는 하늘이 내린 선물이다. 호흡을 완전히 볼 수 있기 위해서는 보이지 않는 세계를 통찰할 수 있는 안목이 필요하다. 전체를 하나로 바라볼 수 있는 혜안이 열려야 호흡을 온전히 볼 수 있다.

제2부
바른숨 몸에 익히기

호흡은 우리가 마시는
공기를 기적의 에너지로 바꾸어 준다.

1. 바른숨 개요

의식호흡

생리적인 차원에서 호흡을 정의하면, '호흡이란 폐 속으로 공기를 흡입하여, 그 공기 속의 산소를 세포의 대사에 활용하고, 여기에서 발생하는 이산화탄소를 몸 밖으로 내보내는 작용'이다. 그러나 이제는 산소와 이산화탄소의 교환이라는 단순한 생리적인 차원을 넘어, 숨쉬기를 통해 우주의 생명 에너지를 받아들여 건강을 유지하는 호흡의 기(氣) 의학적인 측면에 대하여도 관심을 가져볼 때이다.

우리는 몸이 아프거나 다른 사정으로 숨쉬기가 불편해질 때까지는 호흡을 잘 느끼지 못한다. 숨을 쉬고 있다는 그 자체를 잊은 채 그저 무의식적으로 숨을 쉬고 있다. 무의식호흡을 하고 있는 동안에도, 코와 피부를 통해 공기가 출입하면서 산소와 이산화탄소가 정상적으로 교환되고 있다. 그런데 특별한 체계와 방법으로 자신의 숨을 바라보고 관찰하면서 호흡하는 방법도 있다. 숨을 의식하면서 호흡한다고 하여 이를 의식호흡이라고 한다. 정신을 집중한 상태에서 자신의 숨결을 바라보고 의식호흡을 하면서 우주의 생명 에너지가 몸속으로 들어온다는 이미지를 그리게 되면, 우리가 생각한 대로 우주의 생명 에너지가 실제로 몸속으로 들어온다. 이러한 에너지 중에 일부는 인체의 유지에 필요한 만큼 사용되고, 나머지는 아랫배 단전에 쌓여 내공(內功)이 쌓이게 된다.

우리 선조들은 공기를 마시면서 우주의 생명 에너지가 우리 몸속으로 들어온다는 생각을 하면 아랫배 단전에 에너지가 모인다는 사실을 경험과 통찰을 통해 알았다. 의식호흡을 통해 우리 몸속에 생명의 에너지를 축적하여 몸과 마음을 다스리는 심신수련법이 수천 년을 두고 이어져 내려왔다. 이 부에서는 의식호흡을 통해 우주의 생명 에너지인 기(氣)를 받아들여 활용하는 방법을 익힌다.

동양에서는 인간을 소우주로 본다. 사람을 대우주 속의 작은 우주로 여겼다. 옛 선인들은 우주의 운행과 인체의 순환 원리를 같은 맥락으로 파악했다. '사람이 곧 하늘이라'는 인내천 사상이나 '한얼이 우리의 머릿골 속에 내재한다'는 사상은 모두 이런 소우주 의식에서 나온 말이다. 인간은 대우주 속에 있는 또 다른 작은 우주이기 때문에 인간이 숨을 쉴 때 대우주의 기운과 서로 공명하면서 에너지가 교류되는 것은 너무나 당연한 일일 것이다.

기 에너지가 단전에 축적되면 우리의 몸은 육체적으로 건강하게 될 뿐만 아니라, 마음도 다스려지며, 영(靈)적으로도 신비스러운 변화가 일어난다. 공기는 신이 모든 생명체에 내려준 선물이다. 그러나 인간만이 공기를 마시면서 의식 에너지인 생각을 불어넣어 생명 에너지인 기(氣)를 받아들여 활용하는 방법을 터득한 것이다. 선조들의 지혜에 다시 한 번 머리를 숙인다.

바른숨 DST모델이란?

호흡을 처음 배울 때는 호흡 지도자로부터 체계적으로 배우는 것이 부작용도 없고 효과적이다. 그러나 바쁜 생업에 종사하는 사람들이 일부러 시간을 내어 수련장을 찾기가 쉽지 않다. 필자는 시간에 쫓기는 직장인은 물론 남녀노소 불문하고 누구나 쉽게 따라할 수 있는 호흡 모델이 필요하다고 생각해왔다.

호흡의 길은 끝이 없을 정도로 깊다. 그러나 보통 사람들은 심오한 경지에 이르기보다는 생활 속에서 몸과 마음의 건강을 도모하는 것이 더욱 중요할 것이다. 호흡의 몇 가지 핵심 원리만 이해하고 실천하여도 일상생활을 건강하게 영위할 수 있다. 쉽고 간단하면서도 효과가 큰 생활 속의 바른숨 호흡 모델을 제시하는 것은 나름대로 의미가 있을 것이다.

지금 지구촌에서는 많은 국가나 단체에서 다양한 호흡법을 개발하여 수련의 방법으로 지도하고 있다. 이는 동양의 정통적인 호흡법을 기초로 하여 각 나라의 독특한 문화와 사상이 융합되어 만들어진 것이다. 호흡법마다 가르치는 체계와 방법이 조금씩 상이하다 보니, 호흡을 처음 시작하는 사람들이 어떤 호흡법을 선택해야 할지 궁금해하는 경우가 많다.

다양한 사상이나 교리 그리고 문화는 겉으로는 다르게 보이지만, 그 속에 흐르는 원리와 정신은 같거나 비슷하다. 다양한 호흡 프로그램도 명칭과 외양만 다를 뿐 기본적인 원리는 같다. 호흡을 체계적으로 배우기 위해서는 호흡의 외양보다는 본질과 원리를 정확히 이해해야 한다.

　필자는 여러 가지 다양한 호흡법에 내재하고 있는 핵심적인 기본 원리와 방법상의 공통점을 발췌하여, 이를 쉽고 단순하게 체계화한 바른숨 DST모델을 제시하고자 한다. 바른숨 DST모델은 제1부에서 기술한 호흡의 정석 세 가지를 온전히 반영한 가장 기본적이면서 따라하기 쉬운 호흡법이다. 바른숨 DST모델이란 '숨을 쉴 때 호흡의 중심점을 배꼽 아래 단전으로 내리고, 호흡의 길이는 평소의 두 배 수준인 10초로 늘리고, 우주의 기 에너지를 단전에 모은다는 생각을 담아 숨을 쉬는 것'이다.

　첫째, 호흡을 깊게 한다(Deep). 호흡의 중심점을 배꼽 아래 단전까지 내려 숨을 깊게 쉬는 것이다. 숨을 마실 때는 아랫배를 밖으로 내밀어 폐의 용적을 최대로 크게 하고, 숨을 내쉴 때는 아랫배를 안으로 당기면서 폐의 용적을 줄인다. 사람은 성장하면서 숨을 마실 때 배를 안으로 당기고 가슴을 내미는 것에 자신도 모르게 길들여져 있다. 이것은 바른숨과 완전히 반대다. 바른숨은 숨을 마실 때 가슴이 나오는 것이 아니라 아랫배가 밖으로 부풀어 오르도록 한다. 숨을 내쉴 때는 부풀어 올랐던 아랫배를 안으로 당긴다. 공기를 몸속으로 받아들이고 내보내는 펌프와 같은 기능을 폐나 가슴이 아니라 아랫배가 그 역할을 하도록 하는 것이다. 숨을 아랫배로 깊게 쉬면 외부로부터 산소를 폐 속으로 최대한으로 받아들일 수 있다.

　둘째, 호흡을 천천히 길게 한다(Slow). 호흡이 길다는 것은 그만큼 천천히 숨을 쉰다는 의미이다. 보통 사람의 경우 4~5초 동안에 한 번 숨을 마시고 내쉰다. 바른숨은 10초 동안에 한 번 숨을 마시고 내쉰다. 5초 동안 숨을 천천히 마신 후, 다시 5초 동안 숨을 여유 있게 내쉰다. 숨을 천천히 쉬면 혈관이 확장되어 혈압이 내려갈 뿐만 아니라, 폐 속의 산소가 뇌와 말단 세포까지 전달이 잘 되어 우리 몸이 항상 활기차게 유지된다.

셋째, 호흡에 생각을 담는다(Think). 우리는 평소에 자신이 숨 쉬는 것을 느끼지 못하는 무의식적인 호흡을 하고 있다. 호흡에 생각을 담는다는 것은 이런 무의식적인 호흡을 의식적인 호흡으로 바꾸는 것이다. 숨을 쉬면서 좋은 생각이나 상상을 하고, 그러한 생각이나 상상이 현재 이루어지고 있거나, 이미 이루어졌다는 기분으로 숨을 쉰다.

자기의 숨결을 내면으로 바라보면서 자기가 원하는 생각을 불어넣는 습관을 만든다. 예를 들어 숨을 마실 때는 '우주의 기운이 들어와서 아랫배의 단전에 쌓인다.'는 상상을 하고, 숨을 내쉴 때는 '몸 안에 있는 나쁜 기운이 숨결과 함께 빠져나간다.'는 생각을 한다. 교회에서 기도를 할 때는 하나님의 사랑을, 그리고 법당에서 기도를 드릴 때는 부처님의 자비를 생각해도 좋다. 기 에너지는 마음으로 움직이기 때문에 호흡에 생각을 담으면 생각대로 기운을 다스릴 수 있다.

지금 바로 자세를 바르게 하고 마음을 고요하게 하여 아랫배에 집중해보자. 천천히 아랫배를 내밀면서 숨을 마시고, 다시 아랫배를 당기면서 여유있게 숨을 내쉬어보자. 그리고 숨결이 들어올 때는 대자연의 생명력이 몸속으로 들어오고, 숨결이 나갈 때는 몸속의 나쁜 에너지가 함께 빠져나가는 이미지를 떠올려보자.

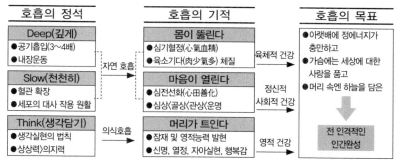

그림 2-1 바른숨 DST모델 개념도

바른숨 DST모델은 숨 쉬는 기술이다

바른숨 DST모델의 외형적인 특징은 심(深)·장(長)·세(細)·균(均)으로 나타난다. 심(深)은 호흡이 깊다는 말이다. 호흡이 깊다는 말은 호흡의 중심점이 아래로 내려가는 것이다. 호흡의 중심점을 배꼽 아랫부위인 하단전(下丹田)까지 내린다. 호흡이 극도로 깊어진 선인들은 발바닥까지 내릴 수 있다고 한다.

장(長)은 호흡의 길이가 길다는 것이다. 호흡을 천천히 한다는 의미이다. 보통 사람들은 한 호흡 길이가 4~5초인데, 바른숨은 10초로 길게 한다. 무리하게 숨을 길게 하려고 하면 헐떡거리게 되고 여러 가지 부작용이 생기게 되므로 평소의 두 배 수준이 적합하다. 특히 초보자의 경우는 억지로 숨의 길이를 늘리지 않도록 주의하여야 한다.

세(細)는 숨이 가늘다는 것이다. 숨을 가늘게 쉰다는 것은 숨결이 부드럽다는 의미이다. 숨을 쉴 때 코털이 움직이지 않고 숨소리가 귀에 들리지 않아야 한다.

균(均)은 들숨과 날숨의 공기 흐름이 끊어지지 않도록 균일하고 고르게 호흡을 한다는 의미이다. 바른숨을 지극한 정성과 공을 들여 연습을 하게 되면 아랫배까지 큰 길이 난 것처럼 호흡이 뚫려 편안하게 숨을 쉴 수 있다.

바른숨은 깊은 호흡을 통해서 충분한 산소를 섭취하고 우주에 편만해 있는 기 에너지를 인체에 끌어들여 건강을 도모하는 숨 쉬는 기술이다. 그래서 바른숨은 종교나 철학적인 이념과는 전혀 관련이 없다. 바른숨은 기도와 묵상을 할 때, 선과 명상을 구하는 동안에, 요가와 기공 수련을 할 때, 그리고 모든 스포츠와 일상생활 가운데에서 기본적으로 적용이 가능한 숨 쉬는 기술이다.

숨결을 아랫배 단전까지 깊게 마시면서 사랑과 자비를 몸에 가득 채우고, 숨결을 내쉬면서 용서와 화를 함께 내보낼 수 있다면, 숨 그 자체가 기도요 묵상이 될 것이다. 숨을 쉬면서 마음을 고요하게 가라앉히고 자기의 내면으로 들어가서 우주 생명의 울림을 들을 수 있다면, 그것이 바로 선이요, 명상이다. 바른숨은 대우주인 자연과의 교류이다. 숨을 마시고 내쉬면서 자연과 교감을 나누고 자연의 에너지를 느끼며 자연과 일체가 된다면, 이것이 바로 기공이나 요가가 추구하는 자연 합일의 경지일 것이다. 양궁과 사격과 같은 고도의 정신 집중을 요하는 운동에서부터, 산행이나 감정 조절 등 일상생활에 이르기까지 바른숨은 모든 것의 기초가 될 수 있다.

바른숨은 외부로부터 인위적인 자극을 받지 않고 스스로 건강을 도모하기 때문에 우리 몸과 친화적이고 부작용도 적다. 또한 치료와 예방을 동시에 할 수 있으며, 비용도 거의 들지 않는다. 한번 몸에 익히고 나면 특별히 다른 노력이 필요하지 않다.

바른숨은 아랫배 호흡을 통하여 산소를 충분히 마실 수 있기 때문에 몸의 대사 조절 능력이 증가하여 전반적인 건강이 향상된다. 감정 조절 능력이 향상되어 스트레스와 긴장이 완화되기 때문에 마음이 항상 편안하다. 화가 다스려지고 근심과 우울 그리고 피로와 초조가 없어진다. 에너지가 솟고 마음이 맑아지고 고요해진다. 부정적인 기운을 긍정적인 에너지로 바꿀 수 있고, 영혼을 맑게 하여 영적으로도 성숙된다.

　　동양에서는 호흡이 수천 년에 걸쳐 몸과 마음을 다스리는 도구로써 수행되어 왔지만, 서양에서는 근래에 이르러 그 효과와 중요성에 눈을 뜨기 시작하였다. 최근에 여러 과학적인 실험과 연구를 통해 건강에 미치는 효과가 검증되면서, 미국을 비롯한 서구에서도 많은 인기를 끌고 있다. 미국에서는 많은 과학자가 요가나 기공을 실제로 수행하면서 그 효과를 연구하기도 한다. 심리학자, 간호사, 물리치료사, 내과 의사와 같은 많은 의학 전문가들이 환자의 치료 목적으로도 활용하고 있다.

　　그러나 대부분의 사람은 바르게 숨을 쉰다는 것이 얼마나 중요한 것인지를 인식하지 못하고 있다. 숨쉬기를 우리가 가지고 있는 단순한 생리 현상으로 돌려버린다. 더욱 심각한 것은 자기가 숨을 잘못 쉬고 있다는 그 자체를 깨닫지 못하고 있는 것이다.

　　그동안 바른숨은 대중 속으로 널리 일반화되지 못하고 극히 일부 사람들만이 그 혜택을 누려왔다. 그러나 요즘에는 대중매체에 아랫배 호흡에 관한 기사나 방송이 많이 나오고 있다. 바른숨을 통해서 건강상의 이점을 얻는 것은 물론, 스포츠나 대중 연설 등에 도움이 된다는 것을 소개하는 인터넷 웹 사이트도 많다. 대체 의학이나 자연치유와 관련하여 호흡을 소개하는 곳도 있다.

　　그러나 상대적으로 의학계의 인기 있는 의료 저널에서는 좀처럼 호흡과 관련된 기사를 찾아보기가 힘들다. 현대의 의료계는 병의 치료에 최우선적으로 관심을 두고 있기 때문에, 예방의학과 같은 인간의 총체적인 행복까지 생각하기에는 현실적인 한계가 있을 것이다. 더구나 호흡은 특허로 보장받아 영리사업의 대상으로 하기에는 적합하지 않다는 것도 대중화가 되지 못한 이유 중 하나일 것이다.

바른숨은 몸에 체화되어야

바른숨을 처음 배울 때는 많이 어색하고 어렵게 느껴진다. 숨을 쉴 때마다 아랫배의 근육을 자극해야 하는데, 이것이 근육에 긴장을 주게 되어 오히려 호흡을 방해할 수도 있다. 그동안 여러분은 가슴으로 숨을 쉬어 왔기 때문에, 바른숨을 시작할 때 여러분의 배가 굳어져 있고, 횡격막도 유연하지 못하다는 사실을 알게 될 것이다. 이런 상태에서 조급하게 효과를 보려고 아랫배에 과도한 힘을 주면서 무리하게 호흡을 하면, 기운이 위로 올라와 부작용이 생겨 고생을 하는 경우가 생긴다.

우리 몸의 신체적 적응력에는 한계가 없다. 매일 정성을 들여 아랫배와 횡격막을 단련시켜 나가면 곧 유연성을 회복하게 된다. 바른숨은 다른 신체의 교정에 비교하면 크게 어려운 것이 아니다. 더구나 바른숨을 위해 특별히 준비할 것도 없다. 이미 여러분은 바른숨을 즐길 수 있는 필요한 장비, 즉 폐와 횡격막 그리고 아랫배를 몸에 지니고 있다. 또 언제 어디에서든지 연습할 수 있다. 모든 상황과 조건은 여러분의 편이다.

여러분은 자신의 현재의 호흡 상태를 정확히 진단하여 무엇이 잘못되었는지를 인식하고, 횡격막과 아랫배를 호흡의 정석대로 움직여주기만 하면 된다. 여러분들이 할 수 있는 것은 꾸준한 연습밖에 없다. 연습을 통해 어느 정도의 수준에 이르게 되면, 바른숨이 일상의 호흡으로 여러분의 몸에 체화된다. 이때야말로 여러분은 새로운 생명과 활력을 맛보게 될 것이다.

바른숨이 몸에 익혀지면, 자신에게 맞게 여러 가지 방법으로 호흡을 응용할 수 있는 능력이 생긴다. 호흡의 중심을 아랫배보다 더 깊이 내릴 수도 있고, 호흡의 길이도 점점 더 길게 할 수도 있다. 공기는 코를 통해 폐로 들어가지만, 기 에너지는 정수리로부터 들어오게 할 수도 있고, 발바닥과 손바닥을 통해 들어오게 할 수도 있다. 단전에 쌓인 기운을 몸 안에서 잘 흐르도록 운기 시킬 수도 있으며, 아픈 곳에 보내어 치료도 할 수 있다.

단전에 기 에너지가 쌓이는 것은 바로 내공이 깊어진다는 말이다. 내공이 깊어지면 호흡도 더욱 깊어진다. 이와 같이 호흡과 내공이 서로 선순환하면서 깊어질 때 비로소 진정한 도(道)에 이르게 될 것이다.

바른숨을 몸에 익히는데 특별한 왕도가 없다. 오직 끊임없는 반복뿐이다. 반복이야말로 자기 한계를 깨뜨리는 것이요, 실상(實像)의 세계에 닿을 수 있는 비결일 것이다. 호흡에는 지극한 인내가 필요하다. 호흡 그 자체가 정성이요, 기도이기 때문이다. 인내를 취미 삼아 정성으로 기도할 수 있는 자는 틀림없이 호흡으로 성공하리라.

Summaries ///

❖공기는 신이 모든 생명체에 내려준 선물이다. 그러나 인간만이 공기를 마시면서 의식에너지인 생각을 불어넣어 생명 에너지인 기(氣)를 만들어 활용하는 방법을 터득한 것이다.

❖바른숨 DST모델이란 '숨을 쉴 때 호흡의 중심점을 배꼽 아래 단전으로 내리고, 호흡의 길이는 평소의 두 배 수준인 10초로 늘리고, 우주의 기 에너지를 단전에 모은다는 생각을 담아 숨을 쉬는 것'이다.

❖바른숨 DST모델의 외형적인 특징은 심(深)·장(長)·세(細)·균(均)으로 나타난다. 심(深)은 호흡이 깊다는 말이다. 장(長)은 호흡의 길이가 길다는 것이다. 세(細)는 숨이 가늘다는 것이다. 균(均)은 들숨과 날숨의 공기 흐름이 끊어지지 않도록 균일하고 고르게 호흡을 한다는 의미이다.

❖바른숨은 기도와 묵상을 할 때, 선과 명상을 구하는 동안에, 요가와 기공 수련을 할 때, 그리고 모든 스포츠와 일상생활 가운데에서 기본적으로 적용이 가능한 숨 쉬는 기술이다.

❖숨결을 아랫배 단전까지 깊게 마시면서 사랑과 자비를 몸에 가득 채우고, 숨결을 내쉬면서 용서와 화를 함께 내보낼 수 있다면, 숨 그 자체가 기도요 묵상이 될 것이다. 숨을 쉬면서 마음을 고요하게 가라앉히고 자기의 내면으로 들어가서 우주 생명의 울림을 들을 수 있다면, 그것이 바로 선이요, 명상이다. 바른숨은 대우주인 자연과의 교류이다. 숨을 마시고 내쉬면서 자연과 교감을 나누고 자연의 에너지를 느끼며 자연과 일체가 된다면, 이것이 바로 기공이나 요가가 추구하는 자연합일의 경지일 것이다.

❖단전에 기 에너지가 쌓이는 것은 바로 내공이 깊어진다는 말이다. 내공이 깊어지면 호흡도 더욱 깊어진다. 이와 같이 호흡과 내공이 서로 선순환하면서 깊어질 때 비로소 진정한 도(道)에 이르게 될 것이다.

❖바른숨을 몸에 익히는데 특별한 왕도가 없다. 오직 끊임없는 반복뿐이다. 반

복이야말로 자기 한계를 깨뜨리는 것이요, 실상(實像)의 세계에 닿을 수 있는 비결일 것이다.

❖호흡에는 지극한 인내가 필요하다. 호흡 그 자체가 정성이요, 기도이기 때문이다. 인내를 취미 삼아 정성으로 기도할 수 있는 자는 틀림없이 호흡으로 성공하리라.

---

2. 바른숨의 준비

자신의 호흡 진단하기

　　인간의 신체적인 움직임 중에서 숨쉬기가 가장 많이 일어나면서도 가장 중요한 행위이다. 우리는 지금 이 순간에도 숨을 쉬고 있으며, 하루에 약 2만 번 숨을 쉬고 있다. 쉼 없이 일어나는 호흡을 바르게 하지 못하면 몸 전체에 긴장이 쌓여 피로가 누적되고, 이것이 통증과 질병으로 이어진다. 반대로 숨을 바르게 쉴 줄 알면, 우리의 몸과 마음에 영양이 충분히 공급되어, 기력이 증진되며 긴장과 스트레스가 해소되어 마음에 평안이 깃든다.

　　요즘 지구촌에서는 건강을 위한 호흡법이 유행하고 있다. 방송을 통해 흔히 들을 수 있고, 출판 매체로도 많이 접할 수 있다. 부모님, 선생님, 친구, 의사 등 다양한 계층의 사람들이 건강과 스트레스를 관리하기 위해 숨을 바르게 쉬라고 권하고 있다. 정말 좋은 충고이다. 그러나 아직도 숨을 바르게 쉰다는 것이 얼마나 중요한지, 그리고 어떻게 숨을 쉬는 것이 바르게 숨을 쉬는 것인지를 알고 있는 사람이 많지 않다.

지금 이 글을 읽고 있는 당신은 자신의 숨쉬기가 만족스럽다고 생각하십니까? 당신의 숨결이 깊고 편안하게 당신의 몸속으로 들어오는 것을 느낄 수 있습니까? 당신의 숨이 당신의 몸에 에너지를 주고 있다고 생각합니까? 당신은 진정 당신의 숨을 관리하는 능력을 갖추고 있습니까? 만약 그렇지 않다면, 지금이 호흡에 관심을 가지고 바른숨을 익히기 시작할 때이다. 이 책에서 제시하는 바른숨을 몸에 익히기 시작하면, 그동안 자신도 모르게 형성된 나쁜 호흡의 습관이 고쳐지면서 전반적인 건강과 활력을 되찾게 될 것이다.

바른숨을 몸에 익히기 위해서는 호흡의 생리학적 원리와 바른숨의 정석 3가지를 정확하게 이해하는 것이 먼저이다. 그리고 자신이 습관적으로 쉬고 있는 호흡의 특징과 패턴을 객관적으로 진단하여 자신의 호흡을 바로 알아야 한다. 바른숨과 자신의 호흡을 비교해서 차이점이 무엇인지를 알고 난 다음에, 그 갭을 메우기 위한 노력을 기울여야 한다. 잠자기 전후에, 화장실이나 전철 안에서, 휴식이나 약속 시각에, 길을 걸어갈 때와 같은 일상생활 중에 틈날 때마다 꾸준히 연습을 하면 자신의 호흡을 바르게 교정할 수 있다.

자신의 호흡을 진단하는 방법은 간단하다. 한 손은 자신의 가슴 위에 올려놓고, 다른 손은 아랫배 위에 올려놓는다. 그리고 몇 분 동안 평소대로 자연스럽게 숨을 쉰다. 숨을 마시고 내쉬면서 어느 쪽의 손이 어떻게 움직이는지 주의 있게 느껴본다. 만약 숨을 마실 때 가슴 쪽의 손보다 아랫배 쪽의 손이 많이 올라오면 당신은 숨을 바르게 쉬고 있다. 그러나 아랫배 쪽의 손보다 가슴 쪽의 손이 더 많이 올라오면 잘못된 호흡을 하고 있다는 증거이다.

나쁜 호흡의 신체적 특징

　　다음은 나쁜 숨쉬기를 할 때 나타나는 전형적인 신체적인 특징이다. 자신의 경우와 비교해 보면 자신의 호흡의 현주소를 정확하게 알 수 있다.

　　◈ 숨을 마실 때 배를 당기면서 가슴을 내민다.
　　숨을 마시면서 아랫배를 안쪽으로 당기는 것은 나쁜 호흡의 전형적인 특징이다. 바른숨은 숨을 깊게 마시기 위하여 아랫배가 부풀어 올라가야 한다. 아랫배를 고무풍선이라고 상상하라. 공기를 마실 때는 풍선이 부풀어 오르듯 배가 부풀어 올라야 하고, 공기를 밖으로 내보낼 때는 풍선이 꺼지듯이 아랫배가 안으로 당겨져야 한다.

　　◈ 숨을 마실 때 어깨를 들어 올린다.
　　숨을 마실 때 어깨를 들어 올리면 횡격막 근육이 위로 당겨지면서 폐의 아랫부분이 압착되어 폐의 공간을 협소하게 만든다. 숨을 마실 때는 폐의 공간이 최대한으로 늘어나야 하므로 어깨는 전혀 움직일 필요가 없다. 호흡할 때 어깨가 움직이면 숨을 쉴 때마다 어깨 부위의 근육에 긴장이 발생하여 굳어지기 시작한다. 어깨와 목 부위에 만성적인 통증을 호소하는 경우는 숨쉬기가 바르지 못했기 때문이다.

　　◈ 말할 때 숨이 급하고 헐떡거리는 소리가 들린다.
　　말을 하는 동안에 숨이 급하거나 헐떡거리는 소리가 나는 것은 호흡을 통해 공기를 충분히 받아들이지 못해 일어나는 현상이다. 말을 한다는 것은 공기를 밖으로 내보내면서 성대를 울리게 하는 것이다. 말을 하는 동안에 공기를 내보내는 만큼 충분한 공기를 마시지 못하면, 폐 속의 공기 부족 현상이 일어난다. 폐 속에 공기가 부족하면 코와 목구멍의 근육이 긴장되고, 이로 인해 공기의 통로가 좁아지면서 들숨의 소리가 급해지고 소리가 나게 된다. 횡격막을 활용하여 깊은 호흡을 하게 되면, 목과 코의 통로가 이완되어 공기가 신속하면서도 조용하게 들어온다. 따라서 숨소리도 나지 않고, 말도 편안하게 할 수 있다.

◆ 숨을 쉴 때 혀가 목구멍 쪽으로 당겨진다.

혀는 사람의 몸에 긴장이 있는지를 나타내는 척도이다. 혀가 앞니에서 떨어져 목구멍 쪽으로 당겨져 있다면, 이는 여러분의 몸 어딘가에 긴장이 있다는 뜻이다. 몸에 긴장이 있다는 것은 호흡이 바르지 못하여 우리 몸이 숨결과 조화를 이루지 못하고 충돌한다는 말이다. 혀의 긴장은 쉽게 목이나 성대로 번진다. 긴장한 상태에서 말을 하거나 노래를 할 때는, 목과 성대가 굳어져 있기 때문에 거친 소리가 나면서 목소리를 제대로 표현할 수 없다.

◆ 숨을 쉴 때 옆구리와 허리 부위에 딱딱함을 느낀다.

아랫배로 숨을 쉬면 복부의 근육뿐만 아니라 옆구리와 허리의 근육이 동시에 자극을 받게 되어 근육의 탄력성이 유지된다. 가슴으로 호흡을 하면서 평소에 옆구리와 허리의 근육에 자극이 가지 않으면, 이 부위의 근육이 긴장하여 딱딱해진다. 굳어진 근육은 기의 흐름과 혈액의 순환을 막기 때문에 통증이 생긴다. 별다른 외상이 없이 허리에 통증이나 딱딱함이 느껴지면 이는 나쁜 호흡의 습관 때문인 경우가 많다. 바른숨은 복부의 근육은 물론 옆구리와 허리 부위에 유연성과 탄력이 유지되어 요통이 치료되는 효과가 있다.

◈ 평소에 윗니와 아랫니를 서로 맞닿게 입을 다물고 있다.

호흡이 바르지 못하여 우리 몸이 항상 긴장한 상태에 놓이게 되면, 이를 꽉 물고 있는 습관이 생긴다. 이를 물게 되면 입 안이 딱딱하게 굳어져 공기의 통로가 제한되어 깊은 호흡에 방해가 된다. 입안의 긴장은 혀나 성대 그리고 어깨의 근육과 척추까지 번지게 되므로 빨리 치유해주는 것이 좋다. 바른숨을 몸에 익히면 내적 에너지가 생겨 침이 고이면서 입안이 편안해진다.

◈ 목소리가 자주 쉰다.

숨을 쉴 때 횡격막을 활용하여 공기의 흐름을 통제하지 못하면 목과 혀의 근육이 긴장되고, 이것은 성대를 긴장하게 한다. 성대가 긴장하면 굳어진 상태에서 진동하기 때문에 상처가 생겨 목이 쉰다. 목소리는 바로 호흡 그 자체이다. 바른숨을 연습하면서 횡격막을 단련시키면 목소리가 다시 살아난다.

◈ 자기의 말을 다른 사람이 알아듣기 힘들어한다.

성대에 공기가 통과되지 않고서는 목소리를 낼 수 없다. 충분한 공기를 집중적으로 성대를 통과시키면 그만큼 목소리에 힘이 생기게 된다. 숨결 흐름의 양과 강도가 목소리의 크기와 질을 결정한다. 바른숨으로 숨을 깊게 마시고 내쉴 때는 목소리도 크고 또렷하여 다른 사람에게 말이 잘 전달된다.

몸은 유연하게 마음은 긍정적으로

수영이나 달리기와 같은 지구력이나 순발력을 요하는 동적인 운동은 시작하기 전에 간단한 스트레칭이나 체조로 몸을 풀어주면 된다. 그러나 숨쉬기는 우리 몸에서 항상 일어나는 동작이기 때문에 평소에 몸과 마음을 이완 상태로 유지하는 것이 좋다. 횡격막, 복부, 허리, 옆구리와 같이 호흡작용에 관여하는 근육을 유연하게 하고, 마음은 항상 느긋하고 긍정적인 자세를 가져야 숨이 부드러워지고 몸속의 기운이 잘 흐른다.

긍정적인 마음은 호흡에 크게 영향을 미친다. 화가 나서 초조할 때 일어나는 호흡과 마음이 편안하고 느긋할 때의 호흡은 다르다. 지나친 스트레스, 걱정, 공포와 같은 부정적인 감정들은 우리의 몸을 경직시켜 호흡을 어렵게 만든다. 마음이 극도로 긴장했을 때는 몸이 완전히 석고처럼 굳어버리기 때문에 호흡을 제대로 할 수 없다. 평소에 긍정적인 생각으로 긴장을 풀고 마음을 편안하게 하면 몸이 풀리면서 호흡도 순조로워진다. 치열한 생존경쟁 속에서 여러 가지 형태의 부정적인 감정들을 잘 다스리는 것이 좋은 호흡의 지름길이다.

근육의 유연성도 호흡에 많은 영향을 준다. 근육의 유연성은 호흡과 관련한 근육들을 부드럽고 탄력성 있게 움직이게 하여 숨쉬기를 수월하게 만든다. 또한 우리 몸에 있는 혈자리를 열어 기 에너지가 잘 들어오게 하고, 몸속에 있는 기혈이 순조롭게 흐르게 한다. 좋은 호흡을 위해서는 근육을 지나치게 단단하게 만드는 것보다 탄력 있고 부드럽게 유지하는 것이 좋다. 호흡하기 전에는 무리하게 준비운동을 하는 것보다 몸이 따뜻해지고 풀린다는 생각이 들 정도로 가볍게 해준다. 국민 체조나 간단한 스트레칭 같은 가벼운 동작으로 5~10분가량 몸을 풀어주면 된다.

원래 살아 있는 생명은 유연하고 부드럽고 따스함을 머금고 있으나, 죽은 것은 경직되고 거칠며 차갑다. 사람도 나이가 들면 몸이 굳어지고, 기혈 순환이 막히고, 몸이 차가워지면서 병이 생긴다. 따라서 평소에 몸을 유연하게 만들고, 호흡으로 기운을 잘 모아 순조롭게 흐르도록 하면, 몸이 따뜻해지면서 건강을 회복할 수 있다.

스트레칭이 최고의 준비운동

오랫동안 가슴으로 호흡을 하였거나, 스트레스를 많이 받는 체질이거나, 운동을 무리하게 하거나 부족한 경우는 근육이 경직되어 호흡을 할 때 어려움을 느낀다. 이때는 스트레칭과 같은 몸풀이 동작으로 경직된 몸을 충분히 풀어주어야 한다. 스트레칭으로 우리 몸이 유연성을 회복하게 되면 호흡에 관련되는 아랫배, 옆구리, 허리의 근육이 탄력성이 생기고, 횡격막이 더욱 잘 움직이기 때문에 숨쉬기가 수월해진다.

스트레칭은 근육과 인대의 긴장을 완화하고 혈액의 순환을 도와주며, 불안하고 초조한 마음을 편안하게 해준다. 스트레칭을 할 때 호흡을 자세히 관찰하면 스트레칭이 호흡에 영향을 미친다는 것을 알 수 있다. 스트레칭을 할 때는 숨이 들어오고, 스트레칭을 풀 때는 숨이 나간다. 이것은 스트레칭에 대한 호흡의 자연적인 반응이다. 스트레칭을 할 때는 머릿속의 잡념을 비우고 편안한 마음으로 동작을 크게 천천히 한다.

스트레칭을 할 때는 동작 속에 호흡을 넣어 동작과 호흡을 일치시킬 때 몸속의 기운이 고르게 잘 흐를 수 있다. 몸이나 팔을 올리거나 펴거나 뒤로 젖힐 때는 숨을 깊게 마시고, 내리거나 오므리거나 앞으로 수그릴 때는 숨을 충분히 내쉰다. 몸의 특정 부위를 자극할 때는 숨을 마시고, 자극을 풀어줄 때는 숨을 내쉰다. 자극하고자 하는 몸의 부위에 정신을 집중하여 막힌 기운이 뚫린다는 이미지를 마음속에 떠올리면서 정성을 들이면 몸이 뚫리기 시작할 것이다.

숨쉬기를 위한 몸풀이는 몸 전체를 자극해주는 것이 좋다. 몸 전체가 풀려야 몸 안의 기운이 전신에 잘 흐르기 때문이다. 양팔로 기지개를 켜면서 몸 전체를 쭉 뻗어 전신을 이완시켜 준다. 목과 허리 그리고 팔운동으로 상체의 긴장을 풀어주고, 무릎의 관절과 발목도 적당히 돌리면서 하체의 근육을 이완시켜준다. 옆구리와 같은 평소에 잘 사용하지 않는 신체 부위를 자극하면 기혈이 잘 소통된다. 육체적인 활동을 많이 하는 사람이라도 똑같은 동작만 반복하면서 다양한 동작을 해주지 않으면 몸 전체의 유연성이 떨어져 호흡이 제한받게 된다.

우리 몸의 기혈을 잘 소통시키기 위해서는 목운동도 중요하다. 목운동은 천천히 부드럽게 해준다. 목을 급하게 젖히거나 심하게 흔들면 몸의 기운의 균형이 깨져 안정을 잃게 된다. 목 뒤쪽 부위에 있는 후두근은 우리 몸의 중요한 동맥과 기혈의 통로가 지나가기 때문에 양손으로 부드럽게 자극해주면 하단전의 기운이 상체의 머리까지 잘 흐른다.

호흡을 통해 우리 몸의 기운을 잘 순환시키면, 우리 몸은 저절로 상체의 살이 빠지고 하체가 튼튼해지는 상허하실(上虛下實)의 건강한 체질로 바뀐다. 이런 체형은 몸의 무게 중심이 잘 잡히고, 발목 관절에 무리가 가지 않는다. 오랫동안 가슴으로 호흡을 하면 이와 반대의 체형이 되어 상체가 무겁고 하체가 허약해진다. 이런 체형은 기운이 가슴과 어깨 쪽으로 쏠려 안정감이 없어지면서 여러 가지 건강상의 문제를 야기한다.

손을 충분히 비벼주는 것도 기혈 순환에 좋다. 손은 인체의 축소판이다. 손은 인체의 모든 장부와 연결되어 있다. 손을 풀어주고 기운이 잘 흐르게 해주면 몸 전체의 기혈 순환이 원활해지고 내장 기관의 기능이 되살아나 소화도 잘 되고 혈색도 돌아온다.

복부에는 인체의 중요한 장기가 다 모여 있다. 아랫배를 자주 가볍게 두드려주면 오장육부가 튼튼해진다. 우리 몸의 내장 기관도 주기적인 운동과 자극이 필요하다. 오랫동안 내장을 운동시키지 않고 긴장의 상태로 두게 되면, 기혈이 막혀 기능이 저하되고 심하면 통증을 느끼게 된다. 틈날 때마다 오장육부가 있는 복부 부위를 양손 주먹으로 가볍게 1~2분 정도 툭툭 두드려주는 습관을 들여 보자. 근육질의 배를 가진 육체파의 사람들은 틈나는 대로 복부 부위의 근육을 자극하여 충분히 이완시켜 주도록 한다.

좋은 호흡은 좋은 자세로부터

숨을 잘 쉬기 위해서는 숨결이 편안하게 드나들 수 있도록 몸의 자세를 바르게 해야 한다. 호흡하기에 바른 자세는 오랫동안 호흡을 해도 허리에 힘이 가지 않고 피로하지 않으며, 마음을 고요하고 편안하게 가라앉히는 자세이다.

호흡은 일상생활 중에 언제, 어디서, 어떤 자세로도 할 수 있다. 사무실에서 호흡을 할 때는 의자에 앉은 채로 하면 된다. 엉덩이를 의자 깊숙이 밀고, 다리를 가지런히 모으고, 아랫배를 약간 앞으로 내밀 듯이 하면 호흡과 관련된 기관이나 근육이 본래의 제자리를 잡아 숨쉬기를 잘할 수 있다. 손은 무릎 위나 의자 걸이에 자연스럽게 올려놓는다.

　의자에 앉아 있을 때는 몸을 구부정하게 해서는 안 된다. 몸을 수그리는 자세는 가슴을 압박하기 때문에 깊은 호흡을 하는 데 방해가 된다. 만약 여러분이 장시간 의자에 앉아 있을 때 피곤함을 느꼈다면, 이는 잘못된 자세로 인하여 호흡 작용이 충분히 일어나지 않아 체내에 산소가 부족하였기 때문이다. 허리를 반듯하게 세우고 앉는 것이 처음에는 어색하게 느껴지더라도, 몸에 익숙하게 되면 한결 편안하게 오랫동안 앉아 있을 수 있다.

　일어서서 호흡하는 방법도 있다. 버스나 지하철 안에서, 산행을 하다가 잠시 숨을 고르는 휴식 시간에는 안성맞춤이다. 편안하게 바로 선 자세에서 양쪽 다리에 힘의 균형을 이루게 되면 호흡이 부드럽고 자연스럽다. 무게 중심을 한쪽 다리에만 집중시키게 되면 호흡이 부자연스럽다. 미세한 자세의 변화마저도 호흡에 영향을 주고, 이것이 우리 몸의 에너지의 흐름을 바꿀 수 있다. 너무 똑바로 서면 상체에 힘이 들어간다. 특히 배꼽 윗부분과 가슴 쪽에 힘을 받기 때문에 기운이 맺힐 수 있다. 따라서 몸의 무게 중심이 앞발 쪽으로 약간 기울도록 상체를 앞으로 5° 정도 기울여 겸허한 자세를 취하는 것이 좋다.

　집에서 호흡을 할 때는 소파나 침대 위에서 하는 것보다, 바닥에 방석이나 매트를 깔고 앉아서 하는 것이 좋다. 다리는 책상다리를 하거나, 한 발을 다른 발 위에 올리는 양반 자세를 취하면 된다. 정통적인 숨쉬기 자세는 결가부좌 자세이다. 초보자는 이 자세를 취하기가 힘들지만 무게 중심이 아래로 내려와 호흡하기에 좋은 자세이다. 양쪽 다리를 서로 꼬아 발바닥이 위로 향하게 하고, 허리를 편 채 온몸의 힘을 최대한 빼고, 앞으로 기운 듯 만 듯 한 자세를 취한다. 양쪽 손은 무릎 또는 허벅지 위에 가볍게 올려놓는다. 결가부좌 자세는 우리 몸의 기운과 생각이 아래로 내려오게 하므로 예부터 선가(仙家)에서 좌선을 하면서 즐겨 취하는 자세이다.

잠자기 전후나 몸이 피곤할 때는 누워서도 할 수 있다. 베개는 베지 않거나 낮은 것이 좋다. 베개가 높으면 고개가 앞으로 숙어져 기혈 순환에 방해된다. 위로 보고 편안히 누워 두 발을 어깨너비로 벌리고 두 손은 단전에 올리거나 자연스럽게 몸 가까이 놓으면 된다. 배가 나온 사람은 무릎을 세워 베개로 받쳐주면 한결 숨쉬기가 편안해진다.

처음 호흡을 시작할 때는 누워서 하는 자세가 가장 편안하고, 일어서서 하는 자세가 그 다음이며, 앉아서 하는 자세가 가장 어렵게 느껴진다. 깊은 호흡을 하기 위해서는 아랫배 부위를 움직여야 하는데, 앉아서 하는 경우에는 아랫배에 많은 무게가 쏠리기 때문이다. 누워서 깊은 호흡을 익힌 다음에, 일어서서 하기도 하고, 앉아서도 하면서 일상생활 속에 어느 자세에서도 호흡하는 자세를 취할 수 있다.

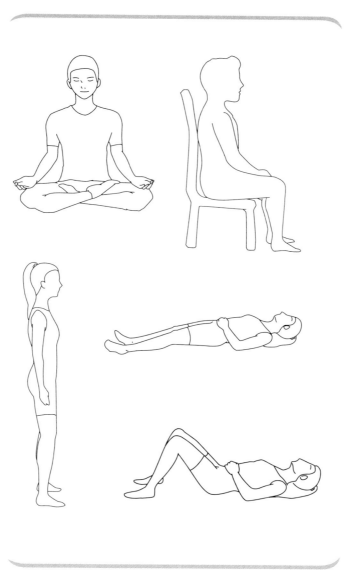

그림 2-2 여러가지 호흡자세

신체 각 부위가 바른 자세가 되어야

신체 각 부위의 자세가 전반적으로 바르게 되어야 최적의 호흡이 일어난다. 숨을 쉴 때 어깨의 긴장을 풀어 움직이지 않도록 하고, 가슴이 눌리거나 가라앉는 느낌이 들지 않도록 한다. 등은 둥글게 굽히지 말고 똑바로 세우고, 머리도 바로 들어 꼬리뼈에서부터 머리 정수리까지 일직선이 되도록 한다. 머리를 기울이거나 숙이면 턱과 목의 근육이 긴장하기 때문에 숨결이 자유롭게 흐르는 것을 방해한다.

척추는 인체의 중심축이기 때문에 좋은 자세를 만드는 데 가장 중요하다. 치골[15]을 위로 들어 올려 배를 약간 앞으로 내밀면 허리가 반듯해지면서 아랫배와 엉덩이가 몸통을 지지하기에 알맞은 자세로 된다. 척추가 휘어지거나 균형을 잃게 되면 우리 인체의 에너지의 흐름이 크게 제한을 받아 척추와 연결된 심장, 폐, 콩팥 등여러 장기의 기능을 떨어뜨린다.

턱을 당겨 목의 경추를 펴주면 척추로부터 머리까지 기혈 순환이 활발하게 된다. 혀를 입천장에 닿게 하면 머리에 맺힌 열기를 아래로 내려주는 통로의 역할을 하기 때문에 전신의 기혈 순환을 돕는다. 침이 입속에 고이면 조금씩 삼켜준다. 예부터 호흡 중에 나오는 침을 옥침이라 하여 최고의 보약이라 했다. 호흡할 때 눈은 감는것이 심리적으로 안정되어 정신 집중에 도움을 준다.

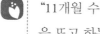 "11개월 수련한 사람의 심전도, 호흡, 맥박 등을 측정하면서, 눈을 뜨고 하는 경우와 눈을 감고 하는 경우를 비교하였다. 눈을 감

---

15) 배꼽 아래쪽 배를 지나서 뼈가 나오는 부분이 바로 치골이다. 치골은 두덩뼈라고도 하는 데 소위 음모가 있는 부위에 위치한다.

고 하는 경우는 눈을 뜨고 하는 것보다 교감신경계의 활동 지수가 낮아졌으며 호흡 주기가 훨씬 길어졌다. 심리적으로도 눈을 감는 것이 이완 효과가 크다는 것을 확인하였다."

다나카(M. Tanaka)[16], 기공연구가, 일본

　　복부와 가슴 그리고 어깨 등 상체의 근육이 너무 지나치면 흉곽의 신축성이 없기 때문에 호흡을 어렵게 만드는 원인이 된다. 이런 경우는 본인도 모르게 체내에 산소가 만성적으로 부족하여 심장과 폐 질환과 같은 질병에 노출될 수 있다. 지나치게 굳어져 있는 가슴의 근육으로 호흡을 하는 것은 1,000CC의 유리병 속에 2,000CC의 공기를 불어넣으려는 것과 마찬가지다. 우리가 입는 옷도 호흡에 영향을 미친다. 상체에 꽉 끼는 속옷이나 허리를 꽉 조이는 벨트는 가슴과 폐를 압박하고 횡격막의 원활한 상하 운동을 제한하기 때문에 깊은 호흡에 방해가 된다.

바른숨은 바른 마음으로부터

　　호흡을 바르게 하기 위해서는 신체적으로 바른 자세를 갖추어야 할 뿐만 아니라, 마음의 자세도 바르게 해야 한다. 숨쉬기 자세를 취한 다음에는 목, 어깨, 가슴 그리고 팔다리의 힘을 쭉 뺀 채, 가장 편안한 자세를 만든다.

　　몸에 힘이 빠져야 몸이 이완되면서 마음도 가라앉는다. 마음

16) 'Physiological measurements during qigong training' 2000(기가 세상을 움직인다1. P374)

이 가라앉으면 잡념이 사라지면서 호흡에 집중할 수 있다. 몸에 힘을 뺀다는 것은 우주 대자연에 대한 겸허한 마음과 감사한 마음 그리고 우러러보는 마음에서 비롯된다. 대우주에 대한 지극한 경외심으로 모든 것을 순리에 맡긴다는 마음을 가지면 우리 몸에서는 힘이 저절로 빠진다. 몸 전체에 쌓여 있는 긴장, 피로, 불안, 초조 그리고 모든 스트레스가 머리끝에서 발바닥 쪽으로 빠져나가는 시각적인 암시를 주면서 힘을 빼는 연습을 하면 효과가 있다.

호흡의 최대의 적은 잡념이다. 마음에서 일어나는 잡념을 최대한 줄일 수 있어야 한다. 일상에서 일어나는 상념들을 잠깐 접고, 몸 전체를 텅 비우면서 깊은 휴식 속으로 들어간다. 자기 내면을 바라보면서, 자기 숨결의 미세한 움직임을 느끼면서, 집중 속에 찾아드는 침묵을 경험해 보자. 잡념과 졸음으로 집중이 안 될 때에는, 바람을 쐬든가 몸을 가볍게 풀어주면 기분이 전환되고 마음이 한결 가벼워진다.

처음 호흡을 시작할 때는 당연히 잡념이 일어난다. 세상살이가 어렵거나 마음속 깊은 곳에 채워지지 않는 욕망이 가득차 있을 때는 더욱 그렇다. 그러나 호흡이 깊어지고 집중하는 능력이 길러지면 잡념이 차츰 줄어들기 시작한다. 잡념이 일어날 때는 마음을 열고 모든 것에 초연해진다는 자기최면을 걸어보는 것도 좋다. 대우주와 내가 하나라는 큰 생각을 할 수 있을 때 잡념은 저절로 사라지게 된다.

지금 바로 편안한 호흡을 만들어 보자. 마루에 매트나 담요를 깔고 눕는다. 다리를 쭉 뻗어주면서 힘을 뺀다. 양쪽 발은 어깨 너비만큼 벌린다. 무릎에 쿠션을 받쳐주면 배가 더욱 편안해지고 허리에 부담이 적다. 손은 양쪽 옆으로 몸에 닿지 않을 정도로 자연스럽게 내려놓고 고요하게 눈을 감는다. 이때야말로 몸과 마음이 완전히 이완의 상태로 들어가는 단계이다. 서서히 아랫배를 내밀면서 숨을 깊게 마신다. 마치 여러분의 아랫배가 공기로 가득 채워지는 것처럼. 그리고 고무풍선 속의 공기가 밖으로 빠져나가는 것을 마음속으로 그리면서 천천히 숨을 내보낸다. 들숨과 날숨이 부드럽게 연속적으로 이어지게 하면서 계속해서 숨을 쉬어 보자.

정성이 최고의 호흡 기술

"정성이 지극할 때 사람이 하늘과 통하고, 하늘이 사람과 통한다. 사람이 느낄 만한 정성이 없으면서 어찌 하늘이 느끼길 바라며, 사람이 능히 답할 만한 정성이 없으면서 어찌 하늘이 답하길 바라겠는가? 정성이 지극함이 없으면 이는 정성이 없는 것과 같으며, 느껴도 답함이 없으면 느끼지 않는 것과 다를 바 없다."

참전계경[17]

호흡은 우주에 존재하는 불가사의한 기 에너지가 우리 몸에 들어와 인체 내의 신비한 약을 일깨워 우리 몸이 스스로 정화되고 치유되도록 한다. 숨어 있는 잠재능력을 깨워 인간 능력의 한계를 극복하게 하고, 내면의 혼을 일깨워 인간의 본래의 모습을 되찾게 하는 하늘이 내려준 최고의 선물이며 기적이다.

이러한 기적을 맛보기 위해서는 한 호흡 한 호흡에 정성을 넣는 것이 제일 중요하다. 동일한 기간 동안 같은 요령으로 호흡을 하더

17) 천부경, 삼일신고와 함께 우리 민족 3대 경전 중 하나이다

라도 정성에 따라 기적이 일어나는 정도에 큰 차이가 있다. 정성이 최고의 호흡하는 요령이다. 호흡은 단순히 공기를 받아들여 몸 안에서 물리적, 화학적 반응을 거쳐 우리 몸을 자양하는 단순한 생리적인 차원을 넘는 그 무엇이다. 호흡은 대우주와의 영적인 교류이기 때문에 최대의 정성과 기도하는 마음으로 다가가야 호흡이 보인다.

새벽녘에 뒤꼍에서 정화수를 떠놓고 북극성을 향해 두 손 모아 가족들의 안녕을 비는 할머니의 애절한 바람은, 그 어떤 종교와 문화를 넘어 하늘을 향해 들이는 최고의 정성이다. 이러한 순수한 정성이야말로 하늘과 통할 수 있는 가장 빠르고 확실한 길이다. 호흡에 있어서도 정성이야말로 아무리 강조해도 지나칠 리가 없는 최고의 요령이다.

숨은 코로 쉬어야

"몸을 가다듬고 마음을 다스리는 아홉 가지 태도(九容) 중에, 숨은 콧숨으로 고르게 하고, 거센소리가 나지 않게 하여 항상 숨소리를 맑게 가져야 한다."

율곡 이이(李珥)

"입으로가 아니고 항상 코를 통해 호흡하도록 노력해야 한다. 왜냐하면 공기가 콧속에 있는 신경조직과 닿지 않으면, 뇌를 자극하면서 항상 자연스러운 리듬 상태로 만들 수가 없기 때문이다. 만약 코로 호흡하지 않는다면, 어떤 의미에서는 단지 반만 살아있다고 볼 수 있다."

풀포드(Robert Fulford), 자연치유연구, 「Dr. Fulford's Touch of Life」, 미국

130

"입을 통한 호흡은 폐의 윗부분만을 부풀게 하여 그곳에 연결되어 있는 교감신경을 자극한다. 코호흡으로 바꾸게 되면 폐 전체를 자극하면서, 폐 아랫부분에 연결된 부교감신경을 자극한다. 이 신경은 우리 몸을 진정시키고, 심장의 박동 수를 느리게 하고, 마음을 편안하고 부드럽게 한다. 적절한 코호흡을 함으로써 교감신경은 물론 부교감신경까지 균형 있게 자극하게 된다. 코호흡을 통해서 우리 몸을 가속시켜야 할 때는 가속을 시킬 수 있고, 진정시켜야 할 때는 진정시킬 수 있다."

페그 조단(Peg Jordan), 「The Fitness Instinct」, 미국

호흡을 할 때 입은 자연스럽게 다물고 코로 공기를 마시고 내보낸다. 입을 지나치게 꽉 다물거나 벌려서는 안 된다. 입으로 숨을 마시는 것은 모든 질병의 원인이 된다. 병약한 사람의 숨쉬기를 살펴보면 입을 벌린 상태에서 숨을 쉬며, 숨결이 빠르고 얕다. 코막힘 등으로 코호흡 하기가 답답한 경우에도 숨을 마실 때만큼은 반드시 코로 마시고, 내쉴 때는 입으로 천천히 내쉬도록 한다.

코는 공기의 가습기와 청정기의 역할을 한다. 코는 공기가 코를 통과하는 동안에 폐에서 잘 흡수될 수 있도록 적절한 온도와 습도를 유지하게 한다. 또한 코털이 먼지와 오염 물질을 여과해주기 때문에 폐의 손상을 막을 수가 있다. 코의 점막에 너무 많은 먼지나 오염 물질이 쌓이게 되면, 그것들을 배출하기 위해 인체는 자동으로 점액을 배출시키거나 재채기를 하게 된다.

입 호흡을 통해서 들어온 공기는 오염된 채 폐에 전달되기 때문에, 폐의 기능을 약화시킬 뿐만 아니라, 핏속의 적혈구가 오염된 산소를 그대로 세포에 전달하게 된다. 이 오염된 물질은 백혈구에 의해 어

느 정도 제거되기도 하지만, 결국 백혈구의 능력을 초과해서 쌓이면 여러 가지 병의 원인이 된다. 입 호흡의 버릇이 심하면 목에 병균이 침범해 항상 감기에 걸려있는 듯한 느낌을 받는다. 공기가 오염되지 않았던 과거에는 영양부족으로 오는 질병이 많았지만, 오늘날의 질병은 나쁜 공기가 입을 통해 그대로 세포에 누적되어 발생하는 경우가 많다.

코호흡은 핏속의 산소와 이산화탄소의 균형을 유지해주는 것과도 관련이 있다. 입으로 호흡을 하게 되면 한꺼번에 많은 공기를 마시고 내쉬는 과호흡[18]을 하게 된다. 과호흡은 몸속의 이산화탄소를 너무 빨리 배출하게 되어, 혈관을 수축시켜 산소가 말단 세포까지 충분히 공급되는 것을 막는다. 뇌세포에 산소가 충분히 공급되지 않으면 교감신경을 자극하게 되고, 이것이 우리 몸을 긴장시키고 초조하게 만든다.

맑은 날 오전이 호흡하기에 최적

호흡은 시간과 장소에 구애받지 않고 언제 어디에서든지 할 수 있다. 하루 중에 호흡하기에 가장 좋은 시간대는 새벽부터 아침 식사 이전이다. 이 시간대는 새로운 기운이 움트고, 태양의 기운이 천지에 내리기 시작하는 때이다. 특히 아침 3~7시 사이는 폐와 대장의 기운이 활발한 때이므로 호흡하기에 가장 좋다.

낮 12시가 지나면 해가 기울면서 하루의 기운이 서서히 약해지기 시작한다. 밤 11시부터 새벽 1시까지는 천지의 기운이 고요하게 닫혀 있는 시간대이다. 이때는 양기가 약하고 음기가 가장 성행하는 때이므로 호흡을 피한다. 기운이 약한 사람이 음기가 강한 시

---

18) 과도하게 빠른 호흡이나 너무 많은 양의 공기를 너무 빨리 마시고 내쉬는 현상

간대나 장소에서 호흡을 하면 자칫 삿된 기운이 방해할 수 있으므로 특히 초심자는 조심해야 한다. 번개와 천둥이 치거나 폭우가 쏟아지는 날도 피한다. 일기가 고르지 못하면 호흡을 통해 들어오는 기운도 고르지 못하다. 호흡은 오후보다는 오전, 궂은 날보다는 맑은 날에 하는 것이 좋다.

식사를 한 후 적어도 2시간이 경과한 후 공복감을 느낄 때 호흡이 잘 된다. 위장에 음식물이 소화되지 않은 채 포만감을 느낄 때는, 위장 속의 음식을 소화하기 위해 온몸의 피와 기운이 위장으로 쏠리고 횡격막의 상하 운동도 원활하지 않다. 위장이 비워질 때 호흡을 하면 횡격막이 잘 오르내릴 수 있어 호흡이 깊어지면서 입 안에 침이 고인다. 이때 나오는 침을 옥침 또는 단침이라 하는데, 하늘이 내린 보약이다. 침이 고이면 뱉지 말고 정성스럽게 삼킨다. 입에서 단침이 나올 정도가 되면 공복감이 없어지고 생동하는 기운이 복부에 가득 차게 된다.

호흡하는 장소는 마음을 집중할 수 있는 곳이라면 실내외를 불문하고 어디든지 좋다. 통풍이 잘되지 않는 곳에서 하면 기운의 흐름이 약하고 답답함을 느끼기 때문에 창문을 약간 열어 놓고 신선한 공기가 들어오도록 한다.

S ummaries

❖ 원래 살아 있는 생명은 유연하고 부드럽고 따스함을 머금고 있으나, 죽은 것은 경직되고 거칠며 차갑다. 사람도 나이가 들면 몸이 굳어지고, 기혈 순환이 막히고, 몸이 차가워지면서 병이 생긴다. 따라서 평소에 몸을 유연하게 만들고, 호흡으로 기운을 잘 모아 순조롭게 흐르도록 하면, 몸이 따뜻해지면서 건강을 회복할 수 있다.

❖호흡하기에 바른 자세는 오랫동안 호흡을 해도 허리에 힘이 가지 않고 피로하지 않으며, 마음을 고요하고 편안하게 가라앉히는 자세이다.

❖누워서 깊은 호흡을 익힌 다음에, 일어서서 하기도 하고, 앉아서도 하면서 일상생활 속에 어느 자세에서도 호흡하는 자세를 취할 수 있다.

❖몸에 힘을 뺀다는 것은 우주 대자연에 대한 겸허한 마음과 감사한 마음 그리고 우러러보는 마음에서 비롯된다. 대우주에 대한 지극한 경외심으로 모든 것을 순리에 맡긴다는 마음을 가지면 우리 몸에서는 힘이 저절로 빠진다.

❖정성이 최고의 호흡하는 요령이다. 호흡은 단순히 공기를 받아들여 몸 안에서 물리적, 화학적 반응을 거쳐 우리 몸을 자양하는 단순한 생리적인 차원을 넘는 그 무엇이다. 호흡은 대우주와의 영적인 교류이기 때문에 최대의 정성과 기도하는 마음으로 다가가야 호흡이 보인다.

❖코는 공기의 가습기와 청정기의 역할을 한다. 코는 공기가 코를 통과하는 동안에 폐에서 잘 흡수될 수 있도록 적절한 온도와 습도를 유지하게 한다. 또한 코털이 먼지와 오염 물질을 여과해주기 때문에 폐의 손상을 막을 수가 있다.

❖하루 중에 호흡하기에 가장 좋은 시간대는 새벽부터 아침 식사 이전이다. 이 시간대는 새로운 기운이 움트고, 태양의 기운이 천지에 내리기 시작하는 때이다. 특히 아침 3~7시 사이는 폐와 대장의 기운이 활발한 때이므로 호흡하기에 가장 좋다.

3. 바른숨 DST모델 따라하기

이 부에서는 제1부에서 기술한 '호흡의 정석' 3가지를 단계별로 따라 함으로써 바른숨을 실제로 몸에 익히는 연습을 한다. 바른숨[1단계]에서는 '호흡의 정석1'에 따라 호흡의 중심점을 내리는 훈련이다. 바른숨을 체계적으로 몸에 체화시키기 위해서는 가슴까지 올라가 있는 호흡의 중심점을 아랫배로 내리는 것이 제일 중요하다. 호흡의 중심점을 내리는 것은 횡격막을 상하로 움직이면서 호흡하는 것이므로 횡격막 호흡의 단계라고 할 수 있다. 숨을 마실 때는 아랫배를 밖으로 내밀면서 횡격막을 내리고, 숨을 내쉴 때는 아랫배를 안으로 당기면서 횡격막을 올라가게 하는 연습을 한다.

숨쉬기의 중심점을 내리기 위해서는 숨결뿐만 아니라, 의식도 함께 내릴 수 있어야 한다. 단순히 아랫배만 들먹이는 호흡이 아니라, 마음을 아랫배까지 내릴 수 있어야 머리에 있는 기운이 아랫배로 내려온다. 심리적인 부담이나 자기의 에고와 같은 삶의 무게도 완전히 내려놓는다. 호흡의 중심점이 내려가면 폐의 아랫부분까지 공기가 들어가기 때문에 폐에 산소를 충분히 공급할 수 있다. 그리고 숨을 쉴 때마다 횡격막이 상하로 움직이므로 내장의 운동을 촉진하고 복압을 형성하여 내적인 생명 에너지를 강화한다.

바른숨〔2단계〕에서는 '호흡의 정석2'에 따라 호흡의 길이를 평소의 2~4배로 늘려 숨을 최대한 천천히 쉬는 것을 연습한다. 호흡을 느리게 하면 내호흡이 강화되어 폐 속에 들어온 산소가 신체의 말단 세포까지 전달이 잘된다. 바른숨〔1단계〕와 〔2단계〕를 익혀 호흡의 중심점을 아래로 내려 천천히 숨을 쉴 수 있을 때, 여러분은 어린 시절에 했던 자연스러운 호흡의 상태로 되돌아가게 된다.

바른숨〔3단계〕에서는 '호흡의 정석3'을 연습한다. 숨결 속에 생각을 담는 단계이다. 〔1단계〕와 〔2단계〕에서 익힌 자연호흡에 의식을 불어넣는다. 마음속으로 원하는 구체적인 생각이나 상상을 불어넣어, 그것이 이루어지게 하는 의식호흡을 체득한다. 바른숨의 요체는 바로 이 의식호흡에 있다.

바른숨을 몸에 체득하는 데는 사람의 체질과 연습량에 따라 차이가 나겠지만 보통 3개월 정도가 걸린다. 각 단계별로 1개월 이상 연습을 해야 몸에 무리 없이 따라할 수 있다. 앞 단계를 완전히 익힌 후에 다음 단계로 넘어가야 부작용이 없다. 호흡은 삶을 완성할 때까지 계속된다. 그러므로 호흡은 서두를 필요가 없다. 서두른다는 것은 그만큼 마음이 조급하다는 의미이므로, 오래 지속하기가 어렵고 성공할 확률도 낮다. 느긋한 마음으로 한 단계 한 단계를 익혀 나가자.

〔1단계〕: 호흡의 중심점 내리기(Deep)

바른숨 〔1단계〕에서는 호흡의 중심점 내리기를 세 가지 자세에서 연습한다. 맨 먼저 가장 편안한 자세인 누운 자세에서 호흡의 중심점을 내리고, 그다음에는 일어선 자세에서 연습한다. 누운 자세와 일어선 자세에서 숨쉬기가 수월해지면 앉은 자세에서 중심점 내리기 연습을 완성한다.

1) 누워서 중심점 내리기

누워서 중심점 내리기는 연습을 하기 전에 우선 자신의 숨결을 고요하게 바라보면서 자신의 호흡을 확인하고 느껴 보자. 대부분은 숨을 쉴 때 가슴이 움직이고 어깨가 들썩일 것이다. 이는 가슴에 손을 얹어 놓고 숨을 쉬면 금방 확인할 수 있다. 이것은 전형적으로 나쁜 가슴호흡이다. 많은 사람이 자신도 모르게 가슴으로 호흡을 하고 있다. 나이가 들면서 숨을 마실 때 횡격막을 아래로 밀어주는 힘이 점점 약해지므로 가슴을 내밀고 어깨를 들썩이면서 숨을 쉬게 된다.

오랫동안 가슴으로 호흡을 한 사람은 가슴과 어깨가 항상 긴장으로 굳어져 있기 때문에 기혈의 순환이 잘되지 않아 여러 가지 질병에 노출되어 있다. '호흡의 중심점 내리기' 연습을 하기 전에 가슴과 어깨에 맺힌 긴장을 풀어주면 가슴이 답답한 현상이 없어지면서 숨기운이 아랫배 단전까지 잘 내려간다.

가슴과 어깨를 손바닥으로 부드럽게 툭툭 두드리면서 근육을 충분히 이완시켜 긴장을 풀어준다. 숨을 내쉴 때 가슴과 어깨에 쌓인 긴장이 밖으로 빠져나가는 모습을 상상하는 것도 효과가 크다. 숨을 마실 때 아랫배를 밖으로 내밀면 횡격막이 아래로 내려오면서 폐의 밑부분 용적을 크게 하여 공기가 저절로 폐 속으로 들어온다. 반대로 아랫배를 안으로 당기면 횡격막이 위로 올라가면서 폐의 용적을 줄어들게 하여 공기가 자연스럽게 밖으로 나간다. 숨을 마실 때는 아랫배를 내밀고, 숨을 내쉴 때는 아랫배를 당기는 것이 바른숨의 핵심이다.

연습 1-1 누워서 중심점 내리기 ●————————————————

> 일어선 자세에서 양손으로 가볍게 주먹을 쥐고, 아랫배와 허리 부위를 툭툭 두드리면서 긴장을 해소시켜 준다.

> 위로 바라보며 누운 자세에서 양발을 어깨너비로 벌린다. 무릎은 자연스럽게 펴주거나 약간 구부려서 베개로 지지하면 편안한 자세가 된다. 몸에 꽉 조이는 옷은 느슨하게 해야 호흡하기가 수월하다.

> 한 손은 가슴 위에 얹고, 다른 손은 아랫배 위에 올려놓는다. 지그시 눈을 감고 고요하게 자신의 숨결을 지켜보면서 온몸의 긴장을 머리에서 발끝 쪽으로 빠져나가게 한다.

> 아랫배에 의식을 집중하여 서서히 아랫배를 내밀면서 숨을 마신다. 숨을 충분히 마신 후 아랫배를 안으로 당기며 숨을 천천히 내쉰다. 이때 배에 올린 손의 움직임도 함께 느껴 본다. 아랫배를 내밀 때는 너무 많이 부풀릴 필요는 없다. 아랫배에 힘을 지나치게 주면 아랫배 근육에 통증이 올 수도 있다. 아랫배로 숨을 마시고 내쉬면서 아랫배의 오르내리는 리듬을 느껴보자. 바른숨에서는 아랫배에 놓인 손이 많이 움직인다. 가슴에 얹힌 손은 가만히 있거나 미세하게 움직이는 것이 정상이다. 가슴 호흡을 할 때는 가슴에 놓인 손이 많이 움직이지만, 바른숨에서는 아랫배에 놓인 손이 많이 움직인다.

> 마음속으로 "하나, 둘" 읊조리면서 아랫배를 내밀고, "셋, 넷" 헤아리면서 아랫배 당기기를 리듬감 있게 반복한다. 바른숨 [1단계]에서는 숨의 길이는 신경 쓸 필요 없다. 자신에게 가장 편안한 속도로 숨을 쉬면 된다. 다만 배를 내밀고 당길 때 균일하고 리듬감 있게 하는 것이 중요하다.

> 아랫배의 오르내리는 율동을 즐기면서 10~20분가량 호흡에 집중한다. 가슴과 배에 놓인 손은 단지 여러분이 호흡 훈련을 도와주기 위한 것이다. 호흡의 중심점 내리기가 몸에 익혀지면 양손을 옆으로 편안하게 내려놓고 호흡을 하면 된다.

2) 일어서서 중심점 내리기

며칠 동안 누워서 호흡의 중심점 내리기 연습을 하면 횡격막의 움직임이 부드러워지고, 아랫배로 숨쉬기가 한결 수월함을 느낄수 있다. 지금부터는 일어선 자세에서 호흡의 중심점을 내리는 연습을 한다.

연습 1-2 일어서서 중심점 내리기

> 편안한 마음으로 가슴과 어깨에 힘을 빼고 척추를 바르게 하여 가볍게 선 자세를 한다. 몸의 어느 부위도 힘이 느껴지지 않도록 균형을 잡고, 고개는 앞을 향하며, 눈은 고요하게 감는다. 너무 똑바로 서면 상체에 힘이 들어가므로 호흡에 지장이 있다. 몸의 무게 중심이 앞발 쪽으로 약간 기울도록 상체를 앞으로 5° 정도 기울여 겸허한 자세를 취한다.

> 자신의 아랫배가 큰 풍선이며, 풍선의 입구는 기관지를 거쳐 코까지 길게 이어져 있다고 상상한다. 아랫배의 풍선을 부풀리면 코와 기관지를 통해 공기가 저절로 들어온다. 반대로 아랫배 풍선을 압착하면 공기가 저절로 밖으로 나간다. 이러한 상상력을 최대한으로 활용하면서 아랫배를 밖으로 내밀면서 숨을 마시고, 아랫배를 안으로 당기면서 내쉬기를 리듬감 있게 계속 반복한다. 마음은 항상 아랫배 단전 부위에 두고 호흡을 놓치지 않고 지켜보도록 한다.

정상적으로 숨을 쉴 때는 아랫배는 공기를 받아들이고 내보내는 펌프의 역할을 하고, 폐는 공기를 저장하는 창고에 불과하다. 아랫배로 펌프질하면서 횡격막을 아래위로 움직이면, 폐의 용적이 커졌다 작아졌다 하면서, 폐에 공기가 들어오고 나가는 원리이다. 아랫배의 펌프질에 의해서 폐는 단지 수동적으로 부피가 조절되면서 공기가 드나든다.

가슴으로 호흡하는 사람은 가슴과 어깨로 펌프질을 하기 때문에 폐의 윗부분만 움직이면서 숨이 드나든다. 그래서 공기의 유출입도 적을 뿐만 아니라, 가슴과 어깨의 근육이 항상 긴장하여 혈액순환이 잘되지 않아 각종 질병의 원인이 된다. 바른숨에서는 아랫배가 펌프의 역할을 하므로, 가슴과 어깨는 마치 옷걸이에 편안하게 걸려 있듯이 움직임이 미세하거나 전혀 일어나지 않는다.

3) 앉아서 중심점 내리기

앉은 자세에서는 아랫배에 힘이 들어가기 때문에, 누운 자세와 일어선 자세보다 호흡하기가 조금 어렵다. 앉은 자세에서 호흡의 중심점 내리기가 익숙하게 되면, 일상생활 어느 자세에서도 바르게 호흡할 수 있다. 버스나 전철에서는 물론, 길을 걷거나 산을 오를 때도 호흡을 잘할 수 있다.

집에서 호흡할 때는 마룻바닥에 방석이나 매트를 깔고 앉아서 한다. 편안하게 앉아 척추를 바로 펴고 아랫배를 앞으로 약간 내밀면 바른 자세가 된다. 가슴과 어깨의 힘을 빼고, 다소곳이 앉아 앞으로 기운 듯 만 듯한 자세가 좋다. 양손은 무릎이나 허벅지 위에 가볍게 올려 놓는다. 이 자세가 어느 한쪽으로도 기울지 않고 안정된 자세이며, 우리 몸의 기운과 생각이 아래로 내려오게 한다.

의자에 앉을 때는 엉덩이를 의자 깊숙이 대고 아랫배를 약간 앞으로 내밀면 척추가 바로 선다. 손은 자연스럽게 의자걸이나 무릎 위에 놓는다. 과거에는 주로 마룻바닥에 양반자세나 결가부좌 자세로 호흡했다. 그러나 요즘은 대부분 입식 생활에 길들여져 있기 때문에 의자에 앉아 호흡하는 자세가 더욱 자연스럽고 편안하게 느껴질 것이다.

> 편안하게 앉은 자세에서, 고요하게 눈을 감고, 온몸의 긴장을 아래로 내리고, 아랫배의 단전을 마음의 눈으로 바라보면서 집중한다. 개인의 취향에 따라 좋아하는 배경음악을 들으면서 호흡해도 좋다.

> 아랫배를 밖으로 내밀면서 깊게 숨을 마신다. 이때 아랫배의 고무풍선이 부풀면서 공기가 안으로 들어오는 이미지를 그린다. 숨결이 풍선의 긴 입구인 코와 기관지를 통해서 아랫배 쪽으로 들어오는 것을 바라본다. 공기는 실제로 폐까지만 들어가지만, 숨결은 아랫배까지 들어간다고 상상을 한다.

> 숨을 충분히 마신 다음에는, 아랫배를 안으로 당기면서 숨을 내보낸다. 이때는 고무풍선을 압착하면서 공기를 밖으로 내보낸다고 상상한다. 기관지와 코를 통해 밖으로 나오는 숨결의 흐름을 바라보면서 느껴본다. 아랫배를 안으로 충분히 당겨 폐 속에 남은 공기가 완전히 빠져나가면, 숨을 마실 때 공기가 더욱 풍부하게 들어오게 된다.

> 일상생활을 하면서 자투리 시간을 활용하여 10~20분씩 해주면 된다. 특히 불안하거나 초조해질 때 호흡을 가다듬으면 마음이 느긋하고 편안해질 것이다.

　　호흡을 너무 무리하게 연습하면 약간의 현기증이 날 수도 있다. 이런 경우는 호흡을 중단하고 쉬도록 한다. 이때는 호흡으로부터 주의를 돌려 일상의 다른 활동으로 되돌아가면 곧 회복되어 정상을 되찾게 된다.

　　호흡한 직후에는 아랫배에 쌓인 기 에너지가 몸 전체에 고르게 퍼질 수 있도록 잠깐 동안 가볍게 몸을 풀어준다. 편안한 마음으로 천천히 움직이면서 몸을 풀어주는 동작이면 어느 것이라도 좋다. 손발을 부드럽게 흔들어 주거나, 손바닥을 서로 비벼서 따뜻하게 하여 눈과 귀를 문지르며, 온몸을 가볍게 두드려 기혈이 잘 순환되도록 마무리를 하면 좋다.

2부

바른 숨
몸에 익히기

아랫배 호흡의 요령을 익힌 다음에는 무의식적으로 아랫배로
숨을 쉴 수 있도록 우리 몸에 체화하도록 한다. 새로운 호흡 습관을
우리 몸에 익히기가 쉽지 않지만, 정성을 들여 반복하면 곧 적응할
수 있다. 아랫배 호흡은 전혀 비용을 들이지 않고 건강을 회복하고
유지하는 가장 좋은 방법이다. 일상생활 속에서 매일 조금씩 연습하
면서 횟수와 시간을 늘려가도록 하자.

아랫배 호흡은 숨을 쉴 때마다 횡격막을 아래위로 움직이면
서 내장을 자극하기 때문에, 내장의 근육을 강화하고 내장에 쌓인
지방을 제거한다. 사람이 한 번 숨을 마실 때 폐로 들어오는 공기의
양은 500CC 정도이다. 그러나 의식적으로 아랫배로 깊게 숨을 쉬
면 공기를 3~4배까지 마실 수 있다. 숨을 내쉴 때도 폐 속에 잔여
공기를 남김없이 내보낼 수 있기 때문에 숨을 마실 때 신선한 공기
를 충분히 마실 수 있다.

숨을 쉴 때는 특히 날숨이 중요하다. 숨은 내쉴 때는 근육의 힘
을 사용하여 억지로 하는 것이 아니라, 몸과 마음의 긴장을 풀고 충분
히 비운다는 생각으로 편안하게 숨을 내보낼 수 있어야 한다. 날숨은
우리 몸에 들어온 공기와 외부 에너지를 잘 정제하여 필요한 것만 몸
에 남기고 나머지는 밖으로 내보내는 과정이다. 날숨을 통해 몸 안의
불순물과 찌꺼기를 배출할 수 있어야 우리 몸은 항상 깨끗한 상태로
유지될 수 있다. 그리고 숨을 충분히 내쉬고 난 다음에 자연스럽게 일
어나는 숨 정지 동안은 우리 몸이 가장 편안하게 느껴지는 때이다. 이
때는 폐가 완전히 비워지고 횡격막이 원래 위치로 되돌아가서 편안히
쉬고 있는 상태이기 때문에 절대적인 이완 상태이다.

아주 옛날 인체의 해부도가 그려지기 전에는, 사람들은 숨을
마시게 되면 몸 전체가 공기로 채워질 것이라고 생각했다. 그래서

자연스럽게 온몸으로 숨을 마시면서 온몸으로 바르게 호흡을 하였다. 그런데 인체의 해부도가 그려진 후에는 폐가 호흡기관이라는 것을 알게 되었고, 호흡의 모든 기능을 폐가 하도록 맡기려고 했다. 즉 폐가 공기를 받아들이고 내보내는 펌프 역할을 하는 것으로 착각하였다. 폐가 펌프 역할을 하도록 하기 위해서는 이웃에 있는 근육의 힘을 빌릴 수밖에 없다. 그래서 가슴과 어깨가 폐의 펌프 기능을 도와주기 위해 과도하게 움직이게 되고, 이것이 불필요한 긴장을 유발하고 인체의 에너지를 소모시켜 여러 가지 질병을 야기하는 원인이 되었다.

자신의 호흡의 리듬을 즐기면서 아랫배로 숨 쉬는 호흡의 맛이야말로 오묘함의 극치이다. 일단 아랫배 호흡을 우리 몸이 체득하면, 그 다음부터는 아무리 많이 해도 지나칠 리 없다. 많이 하면 할수록 우리 몸의 내적인 생체리듬이 더욱 힘을 얻고, 원래부터 지니고 있는 근원적인 치유능력이 회복된다. 아랫배에 기운이 모이는 듯한 뿌듯한 느낌이 오면서, 우리의 몸은 자기도 모르게 호전 반응을 보이기 시작한다.

여러분은 공기를 폐에 받아들여 산소를 공급하면서 생명을 유지하면 그만인데, 왜 어렵게 일부러 호흡을 조절해야 하느냐고 반문할 수 있다. 그것은 여러분이 아직 호흡의 진수를 느껴보지 못했기 때문이다. 새벽은 매일 한 번씩 찾아온다. 그러나 새벽에 눈을 떠서 새벽의 신선한 맛을 느껴보지 못한 사람은 절대 새벽의 맛을 알 수가 없다. 호흡도 마찬가지다. 호흡에 눈 뜬 자만이 진정한 호흡의 맛을 볼 수 있으리라.

바른숨은 인생을 살아가면서 꼭 터득해야 할 중요한 것 중 하나다. 호흡을 다스리기 위한 노력과 시간이야말로 가장 값진 투자이다. 여러분이 바른숨을 연습하고 있는 이 순간은 여러분의 인생을 완전히 바꾸어놓을 수 있는 귀중한 시간이 될 것이다.

〔2단계〕: 호흡의 길이 늘리기(Slow)

호흡의 길이는 '숨을 한 번 마시고 내쉬는 데 걸리는 시간'을 말한다. 호흡의 길이가 길다는 것은 그만큼 숨을 천천히 쉰다는 뜻이다. 호흡의 길이는 보통 사람의 경우 몸과 마음의 상태에 따라 다르지만, 평균 4~5초이다. 숨을 천천히 쉬면 폐 속의 산소가 말단 세포까지 전달이 잘 되어 세포의 신진대사가 활발해진다. 〔2단계〕에서는 자신의 호흡의 길이가 얼마나 되는지 스스로 체크를 하고, 호흡의 길이를 보통 사람의 2~4배 수준인 10~20초로 늘리는 연습을 한다.

1) 자신의 호흡 체크하기

자신의 호흡의 길이를 알면, 자신의 건강의 현주소를 알 수 있다. 초침이 있는 시계나 스톱워치를 준비해서 자신의 호흡의 길이를 재어본다.

① 1분 동안에 일어나는 자신의 호흡의 횟수를 헤아린다.
  (숨을 한 번 마시고 내쉬는 것이 1회이다)
② 60초를 호흡의 횟수로 나누면 자신의 호흡의 길이를 알 수 있다. (60초/호흡의 횟수=호흡의 길이)
  ※1분 동안에 12번 숨을 쉬었다면 호흡의 길이는 5초이다.
  (60초/12회)

보통 사람의 한 호흡의 길이가 4~5초이므로, 자신의 호흡의 길이가 4초 미만인 사람은 호흡이 빠르다. 이런 사람은 자신의 건강에 이상이 있는지 체크해 볼 필요가 있다. 호흡의 길이가 5초 이상인 사람은 건강 상태가 대체로 양호한 사람이다. 호흡의 길이를 체크할 때는 숨을 일부러 느리게 쉬려고 하지 말고, 평소처럼 편안하게 숨을 쉬면서 자신의 호흡의 횟수를 헤아린다.

여러분은 이미 〔1단계〕에서 호흡의 중심점을 아래로 내리는 깊은 호흡을 연습했기 때문에, 자신도 모르게 호흡의 길이가 이전보다 길어져 있을 것이다. 숨을 마실 때 아랫배를 밖으로 내밀고 횡격막을 아래로 내리려는 노력 때문에 여러분의 호흡은 자연히 길어지게 된다.

2) 호흡의 길이 10초로 늘리기

호흡을 처음 시작할 때는 들숨이 짧고 날숨이 길다. 이것은 몸속에 탁한 기운이 많아 몸이 자율반사적으로 반응하는 현상이다. 몸에 탁한 기운이 많으면 하늘의 기운이 풍부하게 들어오기 어렵기 때문에 들숨이 짧다. 그리고 우리 몸의 긴장을 해소시키고 이산화탄소와 같은 독소를 배출하기 위하여 날숨은 길어진다.

호흡을 계속하면 우리 몸의 기운이 음과 양의 균형을 이루고, 교감신경과 부교감신경이 조화를 이루기 때문에 날숨과 들숨의 길이가 비슷해진다. 날숨을 길게 꾸준히 연습하다 보면 자신도 모르게 들숨은 길어지고 날숨은 짧아지면서 들숨과 날숨이 비슷해진다. 의도적으로 들숨과 날숨의 길이가 같아지도록 할 필요는 없다. 기운의 흐름이 그렇게 될 때 저절로 이루어지도록 맡긴다.

연습 2-1 호흡의 길이 10초로 늘리기 ●━━━━━━━

> 시계나 스톱워치를 보면서 초침의 움직임에 따라 마음속으로 '하나, 둘, 셋, ⋯ 여덟, 아홉, 열'의 숫자를 헤아리면서 시간의 길이를 느낄 수 있으면, 자기 호흡의 길이를 요량하기가 쉽다. (앞으로 시간의 길이를 숫자로 표시할 때는 숫자 하나를 1초로 간주한다.)

> [1단계]에서 익힌 호흡 요령으로 아랫배로 숨을 마시고 내쉬기를 5분 동안 계속한다.

> 깊은 호흡을 하면서 아랫배와 횡격막의 긴장이 풀리고 호흡이 부드러워졌다고 느껴지면, 숨결의 속도를 천천히 늦춘다. 처음에는 날숨의 길이를 길게 하여 4초간 마시고 6초간 내쉰다. 마음속으로 '하나, 둘, 셋, 넷'하면서 4초 동안 숨을 마시고, '다섯, 여섯, 일곱, 여덟, 아홉, 열'하면서 6초 동안 천천히 숨을 내쉰다. 숨을 마시고 내쉴 때는 숨결의 속도를 균일하게 유지한다.

> 숨을 내쉴 때는 배에 힘을 가하여 압박하거나 기교를 부리지 않는다. 숨소리가 귀에 들리지 않을 정도로 고요하게 숨을 쉰다. 숨소리가 들린다는 것은 급하게 호흡을 하고 있다는 뜻이다.

> 들숨과 날숨을 4:6으로 유지하여 호흡을 계속하다가, 날숨의 길이가 점점 짧아져 감을 느낄 때는 들숨과 날숨의 길이를 5:5로 같게 한다.

> 이런 요령으로 5초 동안 마시고, 5초 동안 내쉬기를 계속 반복하면서 10~20분 동안 호흡 늘리기 연습을 한다. 일상생활 속에서 틈나는 대로 꾸준히 몸에 익힌다. 마음속으로 숫자를 헤아리면서 5:5 호흡의 속도와 리듬을 느낄 수 있으면, 나중에는 숫자를 헤아리지 않고도 자연스럽게 할 수 있다. 처음 얼마 동안의 연습이 평생의 호흡 습관을 좌우하므로 한 호흡 한 호흡에 정성을 담아 보자.

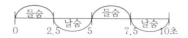

〈보통 사람의 호흡〉

〈바른숨 10초 호흡 4:6〉

〈바른숨 10초 호흡 5:5〉

호흡의 길이를 평소 4~5초에서 10초로 늘리면 1분간의 호흡의 횟수가 12~15회에서 6회로 준다. 호흡을 천천히 하기가 어려운 사람은 처음부터 무리할 필요 없다. 개인의 건강 상태에 맞게 점진적으로 늘리면 된다. 마음속으로 숫자를 세는 것이 싫으면 시계의 초침을 보면서 연습을 해도 좋다. 이렇게 하면 시간도 정확하게 느낄 수 있고, 시곗바늘에 집중하기 때문에 잡념도 줄어든다.

마음이 편안한 상태에서는 날숨과 들숨이 자연스럽게 이어진다. 숨을 충분히 마시면 저절로 내쉬어지고, 또 충분히 내쉬면 저절로 숨이 들어온다. 그리고 들숨과 날숨, 날숨과 들숨 사이에 일시적으로 숨이 정지되는 것도 자연스러운 현상이므로 반 박자 쉬는 듯한 기분으로 리듬 있게 호흡을 이어간다.

10초 호흡을 연습하는 동안에 1주일에 한 번 정도는 자신의 호흡 길이를 확인하면서 자신의 호흡 수준이 어디까지 와 있는지를 체크할 필요가 있다. 4:4로 호흡을 하는 사람은 조금 더 느리게 조절하여 5:5로 늘려간다. 6:6이나 7:7로 호흡이 잘 되는 사람은 굳이 5:5로 줄일 필요가 없다. 그 길이와 템포로 호흡을 계속하면 된다.

3) 호흡의 길이 20초로 늘리기

거북은 20~30초 길게 호흡을 하면서 250~300년을 산다. 10초 호흡을 꾸준히 연습하면 깊고 느린 호흡이 몸에 익어 호흡하기가 편안해지고 자신감이 생긴다. 10초 호흡을 하는 동안에 호흡과 마음이 흐트러지지 않고 안정된 상태를 유지할 수 있으면 거북 수준인 20초까지 늘릴 수 있다. 그러나 무리하게 숨을 길게 쉬는 것은 부작용이 따를 수 있으므로 단계적으로 조금씩 늘려가도록 한다.

동물의 세계에서는 치타가 가장 빠르고, 거북은 가장 느리다. 그러나 거북은 장수의 상징물이지만 치타는 그렇지 못하다. 다이내믹한 스포츠가 치타를 떠올리게 한다면 호흡은 거북을 떠올리게 한다. 거북처럼 천천히 여유 있게 호흡하는 2가지 방법을 소개한다.

연습 2-2-1 호흡의 길이 20초로 늘리기(10:10)

> 마음속으로 '하나, 둘, 셋 …, 여덟, 아홉, 열'까지 헤아리면서 숨을 천천히 균일하게 마신 후, 반 박자 가볍게 멈춘 듯하다가, 다시 '하나, 둘, 셋, 넷…… 여덟, 아홉, 열'까지 헤아리며 천천히 같은 속도로 내쉰다.

> 반 박자 쉬는 것은 들숨과 날숨, 날숨과 들숨 사이에 자연스럽게 숨이 멈춰지기 때문이다. 처음부터 10초 동안 숨을 마시고 내쉬는 것이 부담스러운 사람은 6:6, 7:7, 8:8, 9:9, 10:10 호흡으로 숨의 길이를 단계적으로 늘리는 것도 좋은 방법이다.

〈바른숨 20초 호흡 10:10〉

호흡으로 몸을 단련시키면 아랫배 단전에 기운이 쌓이면서 들숨과 날숨, 날숨과 들숨 사이에 숨 정지가 자연스럽게 일어난다. 처음 호흡을 시작할 때는 숨 정지를 거의 느끼지 못한다. 숨 정지가 있더라도 반 박자 정도로 짧게 이루어진다. 그러나 단전에 기운이 쌓이면 자신도 모르게 짧았던 숨 정지가 점점 길어진다. 처음에는 1초도 힘들던 숨 정지가 호흡을 계속함에 따라 2초, 3초로 늘어난다. 그러나 호흡을 게을리하거나 몸의 상태가 나빠지면 숨 정지도 짧아진다.

숨 정지는 하루 중에도 마음 상태에 따라 달라진다. 마음이 평온할 때는 숨 정지가 늘어나지만, 마음이 불안하거나 몸이 피로하면 숨 정지도 짧아진다. 숨 정지의 길이가 길다는 것은 몸속의 탁기가 빠지고 기운을 받을 그릇이 커졌다는 의미이다.

숨 정지가 일어나면 우리의 몸과 두뇌의 파장이 극히 느려지면서 우주의 리듬과 공명하게 되고, 숨어있던 잠재의식이 깨어난다. 그래서 숨 정지는 우리 몸이 치유의 과정에 들어가는 시간이다. 숨 정지 동안에는 아랫배 단전으로 들어오는 기운이 더욱 풍부하고, 세포의 신진대사가 활발하여 세포 속에 남아 있는 활성산소까지 완전히 연소시킨다.

호흡의 경지에 들어가면 숨 정지를 1분 이상으로 늘릴 수 있다. 그러나 몸과 마음이 가는 대로 자연스럽게 숨 정지가 이루어져야 한다. 억지로 무리하게 숨 정지를 하면 여러 가지 부작용이 생기므로 오히려 건강을 해칠 수도 있다. 숨 정지는 억지로 숨을 참고 멈추는 것이 아니라, 기도가 열린 상태에서 기운의 자연스러운 흐름에 따라 숨이 저절로 멈춰져야 한다. 5초 이상의 숨 정지는 고도의 집중과 오랜 수련이 필요하기 때문에 누구나 쉽게 따라 하는 바른숨 차원에서는 5초 동안 숨을 정지하면서 호흡하는 요령을 소개한다.

 호흡의 길이 20초로 늘리기(5:5:5:5)

> 깊게 천천히 그리고 균일하게 5초 동안에 숨을 마신다. 그리고 5초 동안 숨을 정지한다. 다시 5초 동안에 숨을 충분히 내쉰다. 그리고 5초 동안 숨을 정지한다. 동일한 요령으로 숨 마시기(5초)-숨 정지(5초)-숨 내쉬기(5초)-숨 정지(5초)를 반복한다.

> 숨을 마시고 내쉴 때는 물론, 숨을 멈춘 동안에도 마음속으로 '하나, 둘, 셋, 넷, 다섯'을 세면 시간을 헤아리고 집중할 수 있어 좋다. 숨 정지 동안에도 숨결이 아랫배 쪽으로 계속 가라앉는 이미지를 그린다.

> 처음부터 바로 5초 동안 숨을 멈추기가 부담스러울 때는 숨 정지를 1초부터 시작하여 점점 늘려갈 수 있다. 처음에는 1초 동안 숨을 정지하는 5:1:5:1로 시작하여, 5:2:5:2, 5:3:5:3, 5:4:5:4와 같이 단계적으로 늘린 후, 들숨과 날숨 그리고 숨 정지의 길이가 모두 같아지는 5:5:5:5로 호흡하면 된다.

〈바른숨 20초 호흡 5:5:5:5〉

지금 바로 고요하게 눈을 감고 자신의 숨결을 바라보면서 자신을 느껴보자. 모든 욕심과 집착을 날숨과 함께 내보낸 후에 찾아오는 숨 정지의 맛을 음미한다. 모든 것을 텅 비운 상태에서 날숨 다음에 일어나는 숨 정지는 음과 양의 중간이요, 동작과 정지의 경계이며, 시간과 공간을 초월한 무한한 진공(眞空)이다. 여기서는 우리 자신의 자화상을 넘을 수 있고, 아무것에도 조건지어지지 않는 자연 그 자체를 경험할 수 있다. 진정한 자신의 내면으로 들어갈 수 있고, 우주와 하나가 되는 깊은 맛을 볼 수 있다. 어떤 것도 일부러 하려 하지 말고, 단지 자신만을 바라보면서 한 호흡 한 호흡에 정성을 담아보자.

〔3단계〕: 호흡에 생각 담기(Think)

지금까지 여러분은 〔1단계〕에서 호흡의 중심점을 아랫배까지 내리는 깊은 호흡을 연습하였으며(Deep), 〔2단계〕에서 호흡의 길이를 늘려 천천히 숨을 쉬는 방법을 익혔다(Slow). 〔1단계〕와 〔2단계〕의 호흡 요령으로 숨을 깊게 그리고 천천히 쉬는 것을 자연호흡이라 한다. 자연호흡은 폐의 아랫부분까지 산소가 풍부하게 들어와 말단 세포까지 원활하게 전달되기 때문에 인체의 신진대사가 활발해져 막혀 있던 몸이 뚫리기 시작한다. 그리고 자율신경시스템인 교감신경과 부교감신경의 균형을 회복시켜 몸속의 긴장과 스트레스가 해소된다.

〔3단계〕에서는 자연호흡을 하면서, 자신이 원하는 생각·암시·이미지 등(이하 '생각'이라 한다)을 숨결 속에 불어넣어 그 생각이 이루어지게 하는 적극적인 호흡을 익힌다(Think). 생각을 하면서 의식적으로 호흡을 한다고 하여 '의식호흡'이라 한다. 숨을 쉴 때 공기는 코를 통해 폐 속으로 들어와 다시 코를 통해 밖으로 나간다. 의식호흡은 이러한 숨결의 흐름을 마음의 눈으로 지켜보면서, 자기가 이루려는 생각을 숨결 속에 불어넣어 그 생각이 실현되도록 하는 고차원의 호흡이다. 바른숨의 묘미는 바로 이 의식호흡에 있다.

[3단계]에서는 먼저 자신의 호흡을 자각하는 훈련부터 시작한다. 의식호흡은 자신의 숨결을 마음의 눈으로 바라보면서 느끼는 것으로부터 비롯된다. 자신의 호흡을 자각할 수 있을 때, 우리는 자신의 내면으로 시선을 돌려 자신의 참모습을 볼 수 있고, 자신이 대우주인 전체와 연결된 소우주라는 사실을 깨달을 수 있다. 자신의 호흡을 지켜보면서 소우주라는 자각이 일어나면, 여러분의 호흡은 이제 단순한 공기의 출입이 아니라, 전체인 대우주와의 교류가 되는 것이다.

자신의 호흡을 자각한 다음에는 하단전에서 정 에너지를 기르는 훈련을 한다. 자신이 소우주라는 인식을 가지고 호흡의 흐름을 고요하게 지켜보면서 아랫배에 집중하면, 천지 대우주의 기 에너지가 숨결을 통해 하단전으로 들어온다. 한 호흡 한 호흡 숨을 쉴 때마다 여러분의 몸에 들어오는 기 에너지의 오묘함을 맛볼 수 있다.

하단전에 기 에너지가 쌓이면 우리 몸은 정으로 충만해진다. 정(精) 에너지는 근육, 혈관, 뼈, 신경, 세포 등 인체의 조직과 기관을 형성하는 기본 물질인데, 우리가 먹는 음식(米)의 영양 에너지와 호흡으로 얻는 대우주의 기 에너지(靑)가 만나 생성된다. 우리 몸에 정 에너지가 충만해지면 에너지의 통로인 경락과 모세혈관이 열리면서 막힌 부위가 뚫리기 시작한다.

하단전에서 정 에너지가 길러지면, 의식을 중단전으로 옮겨 깊고 순수한 사랑의 마음을 불어넣는다. 그러면 여러분의 가슴 속에 사랑의 에너지가 싹트기 시작할 것이다. 이 사랑의 에너지는 중단전에 쌓인 기 에너지가 '사랑'이라는 생각을 받아 고차원적으로 정제된 에너다. 이 사랑 에너지의 씨앗을 키워 우리 몸에 가득 차게 하면, 그동안 굳게 닫힌 마음의 문이 서서히 열린다. 중단전 호흡으로 세상을 받아들이고 삼라만상을 껴안을 수 있는 순수한 사랑을 가슴에 품어보자.

중단전에서 사랑 에너지가 길러지고 마음의 문이 열리면, 상단전에서 영적인 에너지를 깨울 수 있다. 이마 안쪽에 있는 상단전에 집중하여 호흡하면서 기 에너지를 모아, 여기에 대우주의 근원인 생명의 빛 에너지를 상상으로 끌어오면, 상단전의 기 에너지는 더욱 고차원적인 영 에너지로 승화된다.

상단전에서 영 에너지가 길러지면, 사람의 의식 활동을 주관하는 신(神)이 밝아지고, 본래의 자기 모습인 혼(魂)이 깨어난다. 선천의 뇌인 송과체가 살아나면서 자신이 소우주라는 자각과 함께 대우주와의 교감이 가능해진다. 사람의 육체적인 몸이 거주하는 곳이 주택(살 住, 집 宅)이라면, 사람의 정신과 영이 머무는 곳은 우주(집 宇, 집 宙)이다. 상단전을 단련하여 머릿속에 하늘을 담아보자.

아랫배에 정 에너지를 기르고, 가슴에 사랑을 품고, 머릿속에 하늘을 담으면, 우리 몸의 기본적인 에너지인 정·기·신 삼보가 완성되어, 육체는 건강하고, 정신은 강건하고, 사회에서는 조화롭고, 영적으로 밝아진다. 비로소 지(智)·덕(德)·체(體)의 인격체를 갖춘 인간 완성의 길로 나아가게 된다.

1) 자신의 호흡 자각하기

사람은 단 몇 초도 거르지 않고 끊임없이 숨을 쉬고 있지만, 숨을 쉬고 있다는 사실을 잊은 채 무의식적으로 숨을 쉰다. 의식호흡은 자신의 내면을 조용히 바라보면서 자신의 호흡을 의식적으로 관찰하고 자각하는 것에서부터 시작한다. 숨을 고르게 쉬고 있는지? 호흡의 길이는 어느 정도인지? 숨을 쉴 때 신체의 어느 부위가 움직이는지? 숨결이 어디로부터 들어와서 어디로 나가는지? 숨결이 몸 구석구석 말단 세포까지 전달이 잘 되는지? 조용히 눈을 감고 자신의 한 호흡 한 호흡을 느끼면서 숨결의 흐름을 지켜보는 연습을 한다.

>> **연습 3-1** 자신의 호흡 자각하기 ●

> 몸과 마음을 충분히 이완시키고 눈과 귀를 자신의 내면으로 돌린다. 아랫배로 천천히 호흡을 하면서 숨결을 가다듬는다.

> 고요하게 숨을 마시고 내쉬면서 공기가 폐 속으로 들어오고 나가는 것을 마음의 눈으로 지켜본다. 숨결이 코와 기관지를 거쳐 폐와 아랫배 단전까지 내려오는 모습을 그려본다.

> 폐 속으로 들어온 산소가 혈관을 타고 우리 몸 구석구석에 전달되면서 세포가 살아 움직이는 모습도 상상해보자. 대자연의 신비를 느끼고 자신이 살아있는 존재라는 것을 확인할 수 있다.

> 숨을 내쉴 때는 숨결이 아랫배 하단전에서부터 기관지와 코를 통해 밖으로 나가는 모습을 지켜본다. 자신의 숨쉬기에 온 정신을 모아 내면의 자아가 전하는 무언의 메시지에도 귀를 기울여보자.

밤에 잠자리에 들거나 아침에 일어나기 직전에 누운 채로 잠깐만이라도 자신의 호흡을 관찰하는 시간을 가져보자. 하루 중의 자투리 시간이 날 때마다 자신의 호흡을 지켜본다는 것은 그만큼 자신을 가다듬는 기회를 가진다는 의미이다.

자신의 호흡을 자각하는 수준이 점점 높아지면, 여러분의 내면에 깃든 또 다른 자신의 존재에 초점을 맞출 수 있다. 온 정신을 집중하여 내면으로 주의를 돌리면, 내면에 숨어있던 무언가의 존재가 서서히 모습을 드러낼 것이다. 그 존재야말로 바로 당신의 완전한 모습이다. 당신의 참모습이요, 당신의 자아이며, 당신의 혼이다.

대우주와 내가 하나라는 일체감을 가지고 한 호흡 한 호흡에 정성을 들이면, 우리 자신의 내면에 깃들인 무의식의 세계로 들어가는 문이 보인다. 이 무의식의 문을 두드릴 수 있을 때 우리는 개별적인 존재를 넘어, 대우주인 전체 속으로 의식을 확장하고 우주와 공명하고 교감하는 경지로 나아가게 된다.

2) 아랫배에 정 에너지 기르기

공기 속에는 우주의 근원적인 에너지인 기(氣)가 들어있다. 기는 사람이 숨을 쉴 때 숨결과 함께 에너지의 형태로 우리 몸속으로 들어온다. 하단전에 들어온 기 에너지는 음식으로 섭취한 영양 에너지와 합쳐져서 정(精) 에너지로 바뀐다. 정 에너지는 인체의 기본적인 물질로 우리 몸의 각 기관과 조직을 구성하고 원활하게 움직이게 하는 에너지이다.

호흡을 자각하면서 하단전에 집중하는 훈련을 오랫동안 하면, 아랫배에 기 에너지가 쌓이는 것을 느낄 수 있다. 하단전 부위에 어떤 열감이나 압박감 또는 진동과 같은 미세한 움직임이 일어나는데, 이것이 바로 기 에너지의 감각이다.

우리 조상들은 예부터 호흡의 외적인 움직임도 중요하게 생각했지만, 호흡 속의 호흡이라 할 수 있는 기 에너지의 흐름에 더욱 관심을 가졌다. 숨을 마실 때 우주의 기 에너지가 숨결과 함께 들어와 아랫배 하단전에 쌓이고, 숨을 내쉴 때는 몸속에 있는 삿된 에너지가 숨결과 함께 밖으로 나간다는 것을 경험과 통찰을 통해 깨달았다.

기 에너지의 감각을 느낀다는 것은 자신의 심장 박동 소리를 듣는 것과 비슷하다. 심장은 항상 뛰고 있기 때문에 평소에는 의식하지 못한다. 그러나 정신을 집중하고 가만히 귀를 기울이면 그 소리를 들을 수 있다. 기 에너지도 마찬가지다. 사람은 기 에너지 속에서 살아가지만, 평소에 그 감각을 느끼지 못한다. 그러나 호흡을 자각하면서 마음을 고요하게 해 아랫배 단전에 집중하면 그 감각을 느낄 수 있다.

미세한 기 에너지의 감각을 꾸준히 키워 아랫배에 정 에너지를 기르면, 우리 몸은 신체적으로 많은 변화가 일어난다. 정 에너지가 몸 전체의 세포 속으로 흘러들어 가면 경락이 열리고 모세혈관이 활성화된다. 그 결과 우리 몸의 막혔던 부위가 뚫리면서 아픈 부위가 치유된다. 하단전은 생명의 중심이면서, 평화의 중심 자리이기 때문에 마음도 저절로 평화로워진다. 세상살이에 어려운 일이 생겨도 마음은 항상 밝은 정명(正明)의 자리에 머무를 수 있다.

지금 바로 자신의 아랫배 하단전 부위에 온 정신을 집중시켜보자. 내면의 느낌에만 귀를 기울이면서 기 에너지의 움직임에 마음을 모아본다. 처음에는 아무런 느낌이 없을 수도 있다. 그러나 훈련을 거듭하면 기 에너지가 미세하게 움직이는 것을 느낄 수 있다. 이러한 감각을 계속 키우면 점점 강하고 뚜렷해진다. 압박감이나 떨림 현상도 아주 강하게 나타난다. 고무풍선에 공기를 꽉 채우면 탱탱해지듯 우리 몸도 기 에너지로 채워지면 온몸이 무엇인가 가득 찬 느낌이 온다. 에너지의 충만감으로 기분도 항상 좋다.

기 에너지가 몸속에 들어올 때 느끼는 감각은 사람에 따라 다양하다. 따뜻한 열감이나 미세한 떨림으로 느낄 수도 있고, 작은 압박감이나 약하게 찌릿하게 느껴지기도 한다. 기 에너지가 느껴지는 부위도 일정하지 않다. 주로 아랫배에서부터 느껴지는데, 사람에 따라서는 이마 부위나 머리 꼭대기의 정수리, 혹은 가슴, 팔, 다리에서도 느껴진다.

기 에너지가 머리 부위에서 느껴질 때는 상상력을 동원하여 마음의 힘으로 아랫배 하단전 쪽으로 내려주도록 한다. 기 에너지는 몸 아래쪽으로 내려 하단전에서 갈무리를 해줘야 기운이 위로 올라가는 것을 막을 수 있다. 기운이 상기되면 얼굴이 붉어지거나, 두통이나 기운 막힘 등 여러 가지 부작용이 생길 수 있다. 기 에너지를 모으기 위해서는 무리하게 억지로 빨리 이루고자 하는 욕심을 버리고, 대자연의 섭리에 순응한다는 자세로 한 호흡 한 호흡에 정성을 들이면서 기다리는 자세가 중요하다.

>> **연습 3-2** ● 아랫배에 정 에너지 기르기 ●

> 고요하게 자신의 호흡을 응시하면서 숨결을 가다듬는다. 숨을 쉴 때 아랫배 하단전 속에서 공기 풍선이 팽창되고 수축되는 이미지를 그려본다. 편안한 마음으로 오직 풍선이 공기로 채워지고 비워지는 것에만 집중한다.

> 어느 정도 집중의 수준이 높아지면 공기 풍선이 점점 따뜻해지면서 에너지 덩어리로 변해가는 것을 느낄 수 있다. 공기 대신에 에너지를 마시고 내쉰다고 상상해보는 것도 좋다.

> 에너지 덩어리의 팽창과 수축에 집중하면서 호흡을 계속하면, 하단전에서 복압과 같은 뭉클한 기운이 느껴질 것이다. 처음에는 약하게 느껴지지만, 연습을 하면 할수록 강하게 느껴지면서, 나중에는 아랫배에 무엇인가 꽉 찬 듯한 충만감이 생긴다.

> 하단전에 축적된 기 에너지는 음식으로부터 얻어지는 영양 에너지를 만나 정 에너지가 만들어진다. 하단전에 정 에너지가 길러진다는 것은 우리 몸이 대우주를 향해 열리기 시작한다는 의미이다.

3) 가슴에 사랑 에너지 품기

사람은 사회적 동물이기 때문에 육체적으로 건강할 뿐만 아니라, 남에 대한 배려와 양보 그리고 사랑을 실천할 수 있어야 다른 사람들과 조화롭게 살아갈 수 있다. 가슴에 따뜻한 사랑을 품어 만나는 사람마다 나누어주는 아름다움이야말로 아무리 강조해도 지나칠 리가 없다. 지금부터는 사랑의 에너지를 가슴에 품는 호흡을 연습한다.

하단전에서 기 에너지를 축적하듯 가슴 가운데 있는 중단전에 호흡을 집중하면, 대우주의 기 에너지가 중단전에 모인다. 중단전에 기 에너지가 쌓이면 가슴 부위에 따뜻하면서 뭉클한 기운이 느껴진다. 이러한 느낌을 계속 키우면 점점 강력한 기 에너지 덩어리로 변한다. 여기에 사랑의 숨결을 보내면 기 에너지 덩어리는 서서히 사랑 에너지로 변한다. 사랑 에너지는 기 에너지가 '사랑'이라는 생각을 받아 고차원적으로 정제된 에너지이다.

실로 사랑만큼 강한 에너지가 어디 있겠는가? 여기서 말하는 사랑은 자아 차원에서 나오는 상대적인 사랑이 아니다. 머릿속의 사랑을 넘어 가슴으로 실천하는 절대적인 사랑이다. 아무런 조건과 대상이 없고, 더함과 덜함도 없는 대자연의 무분별한 마음 그 자체다. 예수님의 사랑과 부처님의 자비 그리고 공자의 인 사상과 맥을 같이 한다.

세상살이 속에서 절대적인 사랑을 가슴에 품는 것이 불가능해 보이거나 어리석다고 생각할지 모른다. 그러나 대우주와 인간의 원래의 속성이 사랑이기 때문에, 인간은 사랑으로부터 태어나고, 사랑으로 돌아갈 수밖에 없는 운명이다. 물질적으로 아무리 풍족한 삶을 살아가더라도, 사랑의 에너지가 부족하면 항상 갈급하고 불안하다. 사람이 진리를 갈구하고, 사랑에 몸부림치고, 종교와 수도장을 향하는 이유도 바로 여기에 있다.

가슴 속에 지니고 있는 미움과 화 그리고 욕심과 같은 부정적인 감정의 굴레에서 벗어날 수 있을 때, 비로소 사랑의 에너지가 당신의 가슴에 움트기 시작한다. 에너지는 일종의 파장이기 때문에, 우리 몸에 감정의 파장이 강하게 남아 있는 한, 그 저항으로 사랑의 파장은 잘 흐를 수가 없다. 미움과 부정의 생각을 하나둘씩 벗어 던지면서 마음의 속 그릇을 순수하게 키워갈 때, 사랑 에너지를 크게 품을 수 있다.

가슴에 사랑이 가득 차면 심전선화(心田善化)가 일어나서 오욕과 칠정에 사로잡혀 일희일비하던 마음의 밭이 항상 편안하고 온화하게 변한다. 크고 넓은 기상인 호연지기(浩然之氣)가 길러지면서 마음이 더욱 너그러워진다. 웬만한 일에는 마음이 흔들리지 않는다. 세상에 고마워할 줄 알고 누구에게나 베풀고 싶은 마음이 생긴다.

사랑 에너지가 온몸에 가득하면 온 삼라만상에 자비를 느낀다. 머릿속의 사랑이 서서히 가슴으로 내려오면서 조건없는 사랑으로 변한다. 자신을 미워하는 사람에게도 마음의 문을 열어준다. 길가의 잡초와 작은 벌레에도 생명의 환희를 느낄 수 있고, 아무렇게나 생긴 돌멩이까지 모두가 아름답게 느껴진다. 사랑하는 마음이 커지는 만큼 내 삶이 더욱 여유롭고 풍성해진다. 스스로 낮아짐의 평화와 행복을 맛보게 된다. 행복을 멀리서 구하지 않고, 가까이서 쉽게 얻을 수 있다. 사랑의 가슴을 활짝 열면 우주의 기운을 받을 그릇이 더욱 커지기 때문에 더 큰 사랑 에너지가 몰려온다. 모든 욕망과 집착을 텅 비우고 의념을 안으로 돌려 무한한 평화와 자유를 맛보기 바란다.

가슴에 사랑 에너지 품기 ●

> 고요하게 마음을 안정시켜 아랫배로 편안하게 호흡을 하면서 자기의 호흡에 집중한다. 아랫배 부위에서 생성된 정 에너지가 팽창하고 수축하는 모습을 느껴본다.

> 하단전에서 정 에너지가 어느 정도 강렬하게 느껴지면, 이제 중단전 쪽으로 호흡의 집중점을 옮겨간다. 마음이 가는 곳으로 기 에너지가 움직이기 때문에 중단전에서 기 에너지가 느껴질 것이다. 모든 의식을 중단전에 모아 기 에너지 덩어리가 팽창하고 수축하는 모습을 지켜본다. 깊은 휴식 상태로 중단전에 집중하게 되면, 호흡은 저절로 점점 더 느려지게 된다.

> 중단전에 형성된 기 에너지 덩어리에 순수한 사랑의 마음을 보낸다. 미워했던 사람에게도 용서를 보낸다. 가슴 속에 예수님이나 부처님의 형상을 떠올리는 것도 좋다. 사랑하는 남편이나 아이들을 가슴에 담아보는 것도 멋진 방법이다. 숨을 마시면서 '사랑', 숨을 내쉬면서 '미움'이라고 읊조리는 방법도 있다. 숨결이 들어올 때는 연꽃이 사랑을 받아 피어나고, 숨이 나갈 때는 연꽃이 오므라드는 모습을 상상해도 좋다. 평소에 자기가 즐기는 방법으로 마음속에 사랑이라는 생각을 가득 채워보자. 사랑이야말로 모든 탁하고 거친 에너지를 맑고 부드럽게 변화하게 할 수 있는 최고의 에너지이다.

> 가슴에 사랑을 계속 불어넣으면, 중단전의 기 에너지 덩어리가 점점 사랑 에너지로 바뀐다. 이 사랑 에너지가 여러분의 몸 구석구석을 돌면서 온몸의 세포에 사랑을 전할 것이다. 당신의 가슴이 서서히 열리기 시작하면서 이전에 느껴보지 못한 편안함이 가슴에 몰려올 것이다. 가슴의 문이 활짝 열리게 되어 피아의 경계가 없어질 때, 비로소 다른 사람과의 소통이 가능하며, 일희일비하는 마음도 사라진다.

> 숨을 내쉴 때는 미움, 욕심, 화, 어리석음 등 온갖 부정적인 감정을 함께 내보낸다고 생각한다. 가슴 속에 부정의 감정이 존재하는 한 우리는 결코 사랑의 에너지를 담을 수 없다. 기 에너지를 사랑의 에너지로 변화시키는데 가장 방해가 되는 것은 바로 미움과 같은 부정의 감정이다.

4) 머리에 영 에너지 일깨우기

지금까지 여러분은 아랫배에 정 에너지를 기르고, 가슴에 사랑 에너지를 품는 호흡을 익혀왔다. 마지막으로 여러분은 상단전에서 영(靈)적인 에너지를 일깨워 바른숨이 지향하는 인간완성의 길에 이르는 호흡을 소개한다.

상단전은 양 눈썹 사이에서 머리 안쪽에 있다. 상단전에 의식을 집중해 호흡을 계속하면 하단전과 중단전에서와 마찬가지로 기 에너지 덩어리가 느껴진다. 이러한 기 에너지를 느끼면서 상상의 힘으로 우주의 근원된 빛 에너지를 끌어온다. 이 빛은 대우주에서 최초에 어느 한 개체를 창조하게 한 근원된 생명의 빛이다. 인간은 수많은 영과 육을 거쳐 오늘에 이르렀는데, 그 영육으로 변하기 이전의 근원된 빛을 말한다. 선가에서는 이러한 인간의 태초의 근원자리로 돌아가는 것을 바로 도(道)라고 한다.

우주의 빛 에너지를 상상의 힘으로 계속 끌어오면, 기 에너지 덩어리는 서서히 우주의식이 실린 영 에너지로 바뀌면서, 당신의 머릿속을 밝은 빛으로 가득 채워줄 것이다. 숨을 내쉴 때는 머릿속의 삿된 생각을 모두 밖으로 내보내면서, 머릿속을 완전한 허공의 상태로 만든다. 우주의 본질은 본래 허(虛)이기 때문에, 우리 몸이 완전히 비움(眞空)의 상태에 이르러야 비로소 우주와 교통할 수 있다.

영 에너지를 강화하면, 우리 몸의 정·기·신 삼보 중의 하나인 신(神)이 완성된다. 신은 일반적으로 정신, 혼, 얼 등 의식 활동을 주관하는 정신 에너지이다. 예부터 신은 상단전에 머문다고 알려졌으며, '영혼의 빛' 내지 '의식의 빛'이라 불린다. 상단전에 영 에너지가 길러지면, 우리는 강한 직관과 판단력이 생긴다. 자신이 어디서 와서 어디로 가는지를 알기 때문에, 삶의 진정한 목적을 알 수 있다. 영 에너지가 부족하여 신이 약해졌을 때는 정신이 흩어지며 판단력이 흐려진다. 신명(神明)이 나면 어려운 일도 잘 헤쳐나가고 모든 일이 술술 풀린다. '신 난다.', '신바람났다.'고 하는 말은 신과 관련있는 것이다. 예부터 유명한 의사는 신의 빛이 약한 사람은 치료하지 않는다고 한다. 신이 부족하거나 혼이 약한 사람은 치유가 어렵다고 생각했기 때문이다.

사람은 태어날 때부터 신을 가지고 있다. 그러나 살면서 여러 가지 스트레스로 신이 점점 약해진다. 심리적인 건강과 영적인 성장을 이루기에는 훨씬 부족하다. 하지만 신은 후천적으로 기를 수 있다. 신을 키우는 가장 좋은 방법은 상단전에서 영 에너지를 양생하는 것이다. 상단전에 호흡을 집중하면서 머릿속을 허공으로 만들어 우주의 근원된 빛 에너지를 끌어오면, 영 에너지가 살아나고 신이 강화된다. 영적으로 건강한 사람은 항상 마음이 고요하고 편안하다. 그리고 육체적인 몸도 치유되고 진정한 행복을 느낄 수 있다.

사람은 원래 대우주와 일체를 이룬 하나이다. 사람의 눈에는 세상만물이 따로따로 떨어진 별개의 존재로 보이지만, 영의 눈으로 보면 모든 것이 근원적인 빛으로 연결된 하나이다. 그리고 이 전체로서의 하나는 절대적 진리에 의해 조직되고 규율되어 움직인다. 이 진리는 역사와 문화에 따라서 절대자, 창조주, 하나님, 하느님, 부처님, 하늘 등 여러 가지 다양한 용어로 불리고 있다. 그 명칭이 어떻게 불러지던 간에 이 진리는 시공을 초월하여 영원히 존재하기 때문에, 우리는 어느 누구도 이를 벗어나서 살 수가 없으며, 이 진리를 향한 동경을 늘 머릿속에 품고 살아가고 있다.

아무리 물질적으로 풍부하고, 육체적으로 건강하고, 사회적으로 존경받고 명예를 가지고 있다 하더라도, 이 진리를 향한 근원적인 갈구는 피할 수 없다. 우리 몸의 영 에너지가 깨어나 신이 밝아졌을 때 진리를 향한 몸부림과 방황은 비로소 완성의 길로 접어들게 될 것이다.

연습 3-4 상단전에서 영 에너지 일깨우기

> 마음을 고요하게 해 의식을 아랫배 하단전으로 내린다. 하단전에서 호흡을 하면서 정 에너지가 팽창하고 수축하는 것을 느껴본다.

> 하단전에서 정 에너지가 어느 정도 강하게 느껴지면, 중단전으로 의식의 집중점을 옮긴다. 중단전에서 사랑 에너지를 느껴본 후, 서서히 의식을 상단전으로 이동시킨다. 이마 가운데에서 머리 안쪽으로 의식을 주면서 머릿속을 편안하게 해준다. 머릿속의 복잡한 생각을 내보내고 완전한 비움과 이완 속의 충만감을 느껴본다.

> 양눈썹 사이의 인당으로부터 숨결이 들어오고 나간다고 상상하면서, 기 에너지 덩어리의 팽창과 수축을 느껴보자. 기 에너지가 어느 정도 강하게 느껴지면, 우주의 근원된 빛 에너지를 상상으로 끌어온다. 그러면 기 에너지 덩어리가 점점 밝아지기 시작하면서 보랏빛 찬란한 광채로 변해 여러분의 머릿속을 환하게 밝혀줄 것이다. 숨을 내쉴 때는 머릿속의 어둠의 에너지를 밖으로 내보내어 머릿속을 완전한 허공으로 만들어간다. '어둠'을 내쉬고, '밝음'을 마시면서 상단전 호흡을 계속한다.

> 머릿속을 텅 비게 하는 것이 영 에너지 일깨우기의 요체이다. 호흡할 때 처음에는 온갖 잡념이 꼬리를 물고 떠오른다. 작은 생각의 씨앗 하나가 점점 크게 자라나서 사라지고, 또 다른 생각이 떠오르고 사라지기를 반복한다. 이처럼 삼라만상이 떠오르고 사라지는 것을 피하지 말고 마음속으로 계속해서 지켜본다. 생각은 피하려고 하면 할수록 계속 좇아오는 속성이 있다. 생각의 일어남과 사라짐에 주의를 기울이고 있으면, 자신도 모르게 점점 마음이 고요해지기 시작한다. 마음이 고요해진다는 것은 마음속에 우주의식이 들어온다는 의미이다. 고요가 바로 우주의 본질이며, 자연의 길이기 때문이다. 머릿속이 진정으로 비워졌을 때, 비움 속의 충만감을 느낄 수 있으며, 그동안 고집해왔던 이기적인 에고와 선입견 그리고 부정적 생각이나 관념들이 하나둘씩 벗겨지기 시작한다.

"당신의 온몸을 텅 비워라. 그리고 마음을 고요하게 만들어라. 그러면 머릿속에 만상이 일어나고 사라질 것이다. 이것을 그저 지켜보기만 하면 된다. 만물은 일어나서 생육하다가 결국 근원으로 돌아간다. 근원으로 돌아가는 것이 바로 고요이고, 고요가 바로 자연의 길이다."

노자, 「도덕경」

숨
쉴 줄
아십니까

Summaries

❖ 자신의 호흡의 리듬을 즐기면서 아랫배로 숨 쉬는 호흡의 맛이야말로 오묘함의 극치이다. 일단 아랫배 호흡이 우리 몸에 체득되면, 그다음부터는 아무리 많이 해도 지나칠 리가 없다. 많이 하면 할수록 우리 몸의 내적인 생체리듬이 더욱 힘을 얻게 되고, 원래부터 지니고 있는 근원적인 치유 능력이 회복된다.

❖ 동물의 세계에서는 치타가 가장 빠르고, 거북은 가장 느리다. 그러나 거북은 장수의 상징물이지만 치타는 그렇지 못하다. 다이내믹한 스포츠가 치타적인 것이라면 호흡은 거북적이다.

❖ 숨 정지가 일어나면 우리의 몸과 두뇌의 파장이 극히 느려지면서 대우주의 리듬과 공명하게 되고, 숨어있던 잠재의식이 깨어난다. 그래서 숨 정지는 우리 몸이 치유의 과정에 들어가는 시간이다.

❖ 모든 것을 텅 비워버린 상태에서 날숨 다음에 일어나는 숨 정지는 음과 양의 중간이요, 동작과 정지의 경계이며, 시간과 공간을 초월한 무한한 진공(眞空)이다. 여기에서는 우리 자신의 자화상을 넘을 수 있고, 아무것에도 조건되어지지 않는 자연 그 자체를 경험할 수 있다. 진정한 자신의 내면으로 들어갈 수 있고, 우주와 하나가 되는 깊은 맛을 볼 수 있다.

❖ 자신의 호흡을 지켜보면서 소우주라는 자각이 일어나면, 여러분의 호흡은 이

제 단순한 공기의 출입이 아니라, 전체인 대우주와의 교류가 되는 것이다.

❖아랫배에 정 에너지를 기르고, 가슴에 사랑을 품고, 머릿속에 하늘을 담게 되면, 우리 몸의 기본적인 에너지인 정·기·신 삼보가 완성되어, 육체적으로 건강하고, 정신적으로 강건하고, 사회적으로 조화롭고, 영적으로 밝아진다. 비로소 지(智)·덕(德)·체(體)의 인격체를 갖춘 인간 완성의 길로 나아가게 된다.

❖자신의 호흡을 자각하는 수준이 점점 높아지면, 여러분의 내면에 깃든 또 다른 자신의 존재에 초점을 맞출 수 있다. 온 정신을 집중하여 내면으로 주의를 돌리게 되면, 내면에 숨어있던 무언가의 존재가 서서히 모습을 드러낼 것이다. 그 존재야말로 바로 당신의 완전한 모습이다. 당신의 참모습이요, 당신의 자아이며, 당신의 혼이다.

제3부

생활 속의 바른숨

숨쉬기는 한마디로 삶 그 자체,

즉 삶의 본질이다.

제1부에서는 바른숨의 원리와 기 에너지에 관하여 역사적인 문헌과 과학적인 근거 그리고 경험적인 통찰을 통해 소개했다. 제2부에서는 바른숨을 실제로 따라 함으로써, 갓난아이 시절의 자연호흡과 숨결 속에 생각을 불어넣는 의식호흡을 몸에 익혔다. 이 부에서는 일상생활 속에서 바른숨을 자기 것으로 만들어 활용하는 방법을 소개한다.

바른숨은 생활 호흡이 되어야 효과가 크다. 생활 호흡이란 바른숨이 몸에 체화되어 일상생활 중에 항상 아랫배 호흡이 일어나는 것을 말한다. 일상생활 중에 어쩌다 생각날 때만 아랫배로 호흡하고, 나머지는 가슴으로 호흡한다면 큰 효과를 기대하기는 어렵다. 처음부터 바로 생활 호흡에 들어가기는 어렵겠지만, 꾸준히 노력하면 일상 중에 저절로 숨이 깊고 길어진다. 우리가 건강도 챙기고 내적인 성장도 이루기 위해서, 가장 값싸고 수월하게 할 수 있는 것은 일상생활 속에서 숨을 바르게 쉬는 것이다. 바른숨이 인체에 미치는 육체적, 정신적인 영향에 대해서는 이미 여러 가지 과학적인 실험과 연구를 거쳐 확인되었기 때문에 더 이상 주저할 필요가 없다.

호흡에는 왕도가 따로 없다. 끊임없이 스스로 노력하고 연습함으로써 호흡을 자기의 것으로 만들어 가야 한다. 자기다움이 녹아 있는 호흡이 최고의 호흡이다. 아무리 좋은 호흡도 자기에게 맞지 않으면 소용이 없다. 제2부에서는 누구나 보편적으로 따라 할 수 있는 가장 기본적인 호흡법을 제시하였다. 이러한 기본적인 호흡은 개인의 취향, 특성, 체질, 건강 상태, 환경적 상황 등에 따라 여러 가지 다르게 응용될 수 있다. 자신의 특성에 맞는 맞춤형 호흡으로 발전시켜 나가야 할 것이다. 호흡의 중심점을 아랫배로 내리고, 천천히 길게, 그리고 생각을 불어넣는 '호흡의 정석' 3가지를 벗어나지 않는 범위 내에서 자신에게 가장 잘 맞는 호흡법을 스스로 만들어가기 바란다.

이 부에서는 일상생활 속에서 구체적인 상황에 따라 누구나 따라 할 수 있는 생활 속의 바른숨을 소개한다. 길을 걸어가거나 산을 탈 때는 보폭과 속도에 따라 숨이 조절되어야 하고, 혈압이 높은 사람은 들숨보다 날숨을 길게 해야 하며, 스트레스를 관리할 때는 마음속의 감정을 순화시킬 수 있는 호흡법이 필요하다.

대인 관계를 위해서는 상대방에게 부드러운 인상을 줄 수 있도록 마음을 적극적으로 관리하는 호흡법이 필요하고, 잠재능력을 계발하기 위해서는 기 에너지가 머릿속까지 미치도록 상단전 호흡을 중점적으로 해주는 것이 좋다. 이와 같이 자기가 처해있는 상황과 환경에 따라 자기에게 가장 잘 어울리는 호흡법을 만들어 이를 꾸준히 해나가는 것이 바로 생활 호흡이다.

이 부에서는 필자가 평소에 즐겨 하는 것 중에서 비교적 수월하여 누구나 쉽게 따라 할 수 있는 생활 호흡을 정리했다. 여기에 소개된 생활 호흡은 어디까지나 예를 들어 제시한 것에 불과하다. 개인의 사정에 따라 자신에게 가장 잘 맞는 호흡으로 다듬어나가기 바란다. 육체적으로 건강하고, 정신적으로 안정되고, 사회적으로 조화롭고, 영적으로 충만한 인격체를 연마하면서, 자기 관리에 충실하고 싶은 사람들에게 좋은 길라잡이가 되었으면 좋겠다.

걸을 때도 아랫배 호흡은 필수

많이 걸을수록 건강해진다는 것은 상식이다. 조금 빠른 듯한 걸음으로 이마에 땀방울이 송골송골 맺힐 만큼 하루 1시간 꾸준히 걸으면 인체의 대사가 활발해져 몸이 한결 가볍고 피로감도 덜 하다. 걸을 때 손을 높이 흔들고 발걸음을 힘 있게 내딛는 '파워 워킹'도 있다. 여기서는 호흡을 의식 하면서 걸어가는 '보행 호흡'을 소개한다.

걸어가면서 호흡하는 방법을 알면 몸과 마음을 동시에 다스릴 수 있다. 우리 선조들은 미음완보(微吟緩步)를 건강한 걸음걸이라고 했다. 가벼운 생각을 머금은 채 편안하게 숨을 고르며 느긋하게 걷는 것이다. 즉 걸을 때도 아랫배를 의식하고 자신의 호흡을 관찰하면서 걸었다는 말이다.

베트남의 승려인 틱낫한[19]은 전 세계에서 가장 유명한 보행 명상가 중 한 사람이다. 그는 걸을 때 발이 땅에 닿는 순간을 자각하라고 한다. 그리고 자기 호흡의 흐름을 지켜보면서 걸으라고 했다. 숨을 마실 때는 마음속으로 '인in'(하늘의 기 에너지가 들어온다), 숨을 내쉴 때는 '아웃out'(몸속의 나쁜 기운이 밖으로 빠져나간다)이라고 조용히 읊조리면서 걸으라고 했다. 이러한 보행호흡이야말로 우리의 삶을 바꿔놓을 무서운 힘을 갖고 있다고 했다.

원래 호흡수련은 성명쌍수법(性命雙修法)으로 해야 한다. 성(性)은 마음, 그리고 명(命)은 몸을 뜻한다. 마음과 몸을 동시에 단

---

19) 틱낫한(1926년 ~)은 베트남 대승불교 출신으로서 1973년 프랑스로 망명한 승려이다. 세계 4대 생불로 추앙받는다. 1982년에 프랑스에 '플럼 빌리지'를 설립하였고, 1990년에는 미국에 '그린 마운틴 수행원'을 설립하여 활동하고 있다. 참여 불교를 대표하는 스님으로써 '화', '기도', '마음을 비워 평온 하라' 등 많은 베스트셀러 저서가 있다.

련해야 수양을 잘 할 수 있다. 아무리 몸을 잘 다스려도 마음을 가라 앉히지 못하면 몸과 마음이 조화를 이루지 못하기 때문에 수양에 한계가 있다. 보행호흡은 고요하게 걸으면서 자신의 호흡이 들어오고 나가는 것을 놓치지 않고 지켜보는 것이다. 그렇기에 대표적인 성명 쌍수의 수련법이면서 동중정(動中靜)과 정중동(靜中動)의 수련이다. 육체적인 동작과 정신적인 호흡이 조화를 이루기 때문에 걸음걸이의 효과가 극대화된다.

걸으며 호흡할 때는 천천히 느긋하게 걷는 것이 좋다. 지나치게 빨리 걸으면 우리 몸이 스트레스 호르몬을 분비하고, 관절과 인대에 무리가 따른다. 아랫배로 호흡을 하면서 걸으면 산소와 기운을 충분히 받을 수 있기 때문에 아무리 걸어도 피곤하지 않다. 건물을 오르내리거나 지하철을 탈 때도 가능한 계단을 이용하면서 보행호흡을 하는 습관을 들여 보자.

호흡은 걷는 속도에 맞춰 자연스럽게 숨을 마시고 내쉰다. 보통 성인의 한 호흡의 길이는 4~5초이고, 한 걸음의 속도는 0.5초이다. 즉 한 호흡 동안에 8~10보를 걸을 수 있다. 이를 고려할 때 처음에는 4보 걸으면서 숨을 마시고, 또 4보 걸으면서 숨을 내쉬면서 걸으면 무난하다. 숨의 길이가 점점 길어지면 단계적으로 발걸음 수를 늘리면서 리듬감 있게 걸으면 된다.

호흡으로 산아일체(山我一體)의 경지를 이루다

요즘 주말이면 도심 근교의 산은 등산객들로 붐빈다. 그래서인지 산에 오를 때마다 '우리나라는 산이 많아 다행'이라는 생각이

든다. 산은 자연의 얼굴이다. 인간 또한 자연의 일부이다. 그래서 산과 인간은 원래 자연이라는 틀 속에서는 하나다. 우리가 산과 하나라고 생각할 때, 산을 바라보는 눈길이 달라진다.

인간은 자연에서 비롯했고, 언젠가는 다시 자연으로 돌아가기 때문에 자연은 우리의 벗이자, 어머니이다. 그래서 자연의 품속에서 호흡하면 기가 왕성하게 흐르는 것을 느낄 수 있다. 자연과 하나되는 호흡이 가장 바람직한 호흡이다. 산속에서 들리는 시냇물과 바람 소리, 그리고 나뭇잎의 향기로움을 느끼며 자연을 마음에 담고 호흡하면 몸과 마음이 한결 여유로워진다.

산을 오를 때도 아랫배로 호흡을 하면 한결 수월하고 편안하다. 산행의 속도에 따라 호흡이 다소 빨라지는 것은 어쩔 수 없지만, 반드시 아랫배로 호흡하는 것을 잊지 말아야 한다. 아랫배 하단전을 의식하고 기 에너지를 받으면서 산을 오르면, 소모되는 기력을 보충할 수 있기 때문에 여유 있게 등산을 즐길 수 있다. 그리고 호흡에 집중하면서 몸과 마음을 온전히 산에 스며들게 하면 진정으로 산과 하나가 되는 경지를 맛볼 수 있을 것이다.

산을 오를 때는 입을 가볍게 다물고 코를 통해서만 숨을 쉬도록 한다. 숨이 차서 코 호흡이 어려울 때도, 숨을 마실 때는 반드시 코로 마시고, 내쉴 때는 입으로 내쉬도록 한다. 입으로 숨을 마시면 한꺼번에 공기가 너무 많이 들어오는 '과호흡'이 일어난다. 과호흡은 혈관을 수축시키기 때문에 근육에 산소와 영양분이 충분히 공급되지 못한다. 따라서 입으로 호흡하면 아무리 공기를 많이 마셔도 근육에는 항상 산소가 부족하다. 이 때문에 근육은 더욱더 많은 산소를 요구하고, 그 결과 숨결은 더욱 가팔라지는 악순환이 일어난다. 또한, 입으로 호흡한 탓에 오랜 시간 뇌에 산소가 부족해지면 의식이 흐트러지고 집중력이 약해지면서 현기증까지 느끼게 된다.

자신의 호흡에 발걸음을 맞추면서 산행하면 오랫동안 피곤하지 않게 산행할 수 있다. 호흡이 빨라지는 듯하면 발걸음을 늦추고, 호흡이 진정되면 다시 발걸음을 조금씩 빠르게 하는 것이 좋은 산행법이다. 이와 반대로 발걸음에 호흡을 맞추면 산행의 속도가 빨라짐에 따라 입으로 숨을 가쁘게 쉬게 되므로 여러 가지 부작용이 일어나 산행이 힘들어진다. 호흡에 발걸음을 맞추면 숨을 항상 고요하게 유지할 수 있으므로 땀도 많이 나지 않는다. 그리고 아랫배로 호흡을 하면서 산을 오르면 입에서 감로수와 같은 단침이 나오기 때문에 목마름을 느끼지 않으면서 지칠 줄 모르고 산행을 즐길 수 있다.

산을 탈 때는 뒤꿈치를 들고 앞 발가락만으로 걷는 보공이 있다. 뒤꿈치를 사용하면 무릎의 관절에 충격이 가고, 몸이 뒤로 처져 무거워진다. 반대로 발가락만으로 몸을 지탱하면 훨씬 가볍고 무게 중심이 균형 있게 하체로 전달되기 때문에 숨이 쉽게 차지 않는다. 숨을 고요하게 가다듬고 무릎에 탄력을 주면서 가볍게 걸으면, 마음도 고요해지면서 산의 기운이 뼛속 깊숙이 들어오는 것을 느낄 수 있다.

산행하면서 숨을 마실 때는 산속의 기 에너지를 전신의 숨구멍을 통해 아랫배 하단전으로 끌어온다고 생각하고, 숨을 내쉴 때는 숨구멍을 통해 체내의 탁한 기운을 밖으로 내보낸다고 생각하자. 특히, 무릎 관절이 약한 사람은 무릎에 정신을 집중해 기 에너지를 보낸다는 생각으로 걸으면 무릎에 무리를 주지 않으면서 산행을 즐길 수 있다.

살면서 복잡하고 어려운 일에 관한 해답은 모두 산에서 찾을 수 있다. 조용히 호흡을 음미하면서 산에 물어보자. 산은 우리 자신이자 우리의 대화 상대이기 때문이다. 겸손한 마음으로 한 호흡 한 호흡 정성을 들여 자기의 숨결을 바라보면서, 산의 품속에 모든 것을 맡긴다는 생각으로 걷다 보면, 어느덧 산아일체(山我一體)의 경지에 접어들 것이다.

출퇴근 시간에 내공을 키우자

온종일 바쁜 스케줄에 따라 움직이는 직장인은 자신의 몸과 마음을 되돌아보는데 시간을 할애하기가 쉽지 않다. 그러나 시간이 없다는 핑계로 자기 관리를 소홀히 하다가 소 잃고 외양간 고치는 경우도 많이 보게 된다. 자기 관리는 일부러 시간을 내어 하기보다 생활 속에 자투리 시간을 활용하는 것이 더 현실적이고 효과적이다. 원래 자기 관리에 능숙한 사람은 시간과 공간에 제약받지 않는다.

출근하거나 퇴근하는 대중교통도 놓칠 수 없는 자기 관리의 수련장으로 활용할 수 있다. 우리나라 직장인들은 출퇴근하는 데 하루 평균 1~2시간 정도 보낸다. 이 정도의 시간이면 호흡을 통해 자신을 다듬어가기에 충분하다.

버스나 지하철 안에서 운 좋게 자리에 앉았다면, 앉은 상태에서 아랫배를 약간 앞으로 내밀어 허리를 펴면 호흡하기에 알맞은 자세가 된다. 서있는 상태라면 손잡이를 잡고 양발을 약간 벌려 자세를 편하게 한다. 무릎은 완전히 쭉 펴는 것보다 약간 굽히는 것이 탄력감이 있어 균형 잡기가 수월하고 하체 근육을 단련할 수도 있다.

대중교통 속은 사람이 분주하고 주위가 산만하여 깊은 호흡에 빠져들기 힘들다. 아랫배에 의식을 두고 그냥 편안하게 호흡하면 된다. 호흡의 길이도 크게 신경 쓰지 않아도 된다. 대중교통은 보통 공기가 탁한 편이라 숨을 쉬면 탁한 공기를 마신다고 생각하지만 그렇게 생각할 필요도 없다. 아랫배 하단전에는 항상 우주의 청정 에너지가 쌓인다고 생각해보라. 기 에너지는 사람의 마음에 따라 시공(時空)을 뛰어넘어 움직인다. 비록 콧속으로 들어오는 공기는 탁하더라도, 기 에너지 만큼은 생각이 청정하면 청정한 것이 몸속에 들어온다. 기 에너지가 온몸에 충만하면 차에서 내릴 때 몸이 가뿐하고 기분이 날아갈 듯하다.

오랫동안 앉아서 일을 하거나 차를 운전하는 직장인은 하복부의 기혈 순환이 이루어지지 않아, 치질이나 변비 등 비뇨생식기 계통의 질병에 노출되어 있다. 이런 사람들은 출퇴근하는 동안 항문을 조여주면 하복부의 기혈이 촉진되어 인체의 전반적인 활력을 높여준다. 편안하게 앉거나 일어선 자세에서 숨을 마시면서 항문을 1~2번 조여주고, 내쉬면서 1~2번 조여주면 된다. 항문을 조일 때는 복부나 엉덩이, 허벅지 등에 힘이 들어가지 않도록 주의하고, 무리하게 힘을 주어 얼굴이 붉어지는 일이 없도록 한다.

항문을 조이는 것은 괄약근[20] 운동으로 회음혈 부위를 자극하는 것이다. 회음혈은 항문과 생식기의 중간에 있으며, 한의학에서 보면 음의 기운과 양의 기운이 만나는 곳으로 인체에 기본적인 활력을 제공한다. '항문 조이기'를 통한 회음부 자극은 치질을 비롯해 비뇨생식기의 모든 질병을 예방하며, 정력을 강화하는데도 특효가 있다. 우울증과 조급함, 허약 체질, 갱년기 증세, 변비, 체중 조절의 효과까지 볼 수 있기 때문에 오랫동안 앉아서 일하는 직장인들에게

---

20) 괄약근은 '골반저골'이라고 불러지는데, 음모부위의 뼈인 치골에서 꼬리뼈에 이르는 근육이다. 이 근육은 자궁, 방광, 대장을 받쳐주며, 요도, 질, 항문의 수축운동을 담당한다. 소변을 참을 때 소변이 흐르지 않도록 요도를 죄어주는 근육을 말한다.

는 더할 나위 없이 좋은 운동이다.

출퇴근 때마다 20~30분 동안 호흡을 하면서 자기를 다듬다 보면 몸에 내공이 쌓인다. 내공은 일반 스포츠와는 다르다. 단순한 노력이나 기술로 얻을 수 있는 것이 아니다. 글자 그대로 '공(功)'이 들어가야 한다. 마음이 들어가야 한다는 뜻이다. 조급한 마음으로 얼마 동안 집중해서 노력한다고 이루어지는 것도 아니다. 고독한 자신과의 싸움이다. 하늘도 감동할 만큼 정성을 쏟아야 한다. 매일 조금씩 꾸준히 하는 자세가 중요하다. 자투리 시간을 활용하여 내공을 쌓다 보면 어느덧 자신도 모르게 호흡의 고수가 되어 있을 것이다. 출퇴근 시간에 희망을 걸어보자.

호흡으로 비만 걱정은 뚝

인간은 태초로부터 궁핍의 시대를 거쳐 현재에 이르렀기 때문에 사람의 몸은 원래 굶주림에 익숙하다. 아주 옛날에는 식량이 부족해 많이 먹을 수가 없어 비만이란 개념이 없었다. 그러나 현대에 이르러 생활이 풍족해져 육식을 많이 하면서도 상대적으로 몸을 적게 움직이다 보니 비만이 시작됐다.

비만은 현대병이면서 풍요병이다. 풍족함 속에서도 새롭게 인류를 위협하고 있는 질병이다. 비만은 직접적으로는 병적인 반응을 보이지 않지만, 고혈압과 당뇨병 같은 여러 가지 성인병을 유발시키고, 암의 원인이 되기도 한다. 원래 암(癌)은 입(口) 세 개(品)로 산(山)과 같이 많이 먹으면 걸리는 병(病)이란 뜻이다.

의학의 관점에서 비만이란 '과도한 스트레스와 습관성 과식,

그리고 운동부족으로 생기는 신진대사의 장애 등으로 지방이 비정상적으로 신체의 특정 부위에 과다하게 침착된 상태'다. 그러나 호흡의 견지에서 바라본 비만은 '몸속에 산소가 부족하여 우리가 먹은 음식을 완전하게 연소하지 못하고, 잔여 지방과 찌꺼기가 복부와 피부 근육에 쌓여 있는 현상'을 말한다. 이렇게 쌓인 지방과 찌꺼기가 우리 몸의 기혈의 통로를 막아 전신의 대사를 방해한다. 전신이 원활하게 소통되지 않으면 산소 운반이 원활하게 이루어지지 않고, 산소가 부족하면 또다시 영양분을 완전하게 연소하지 못하는 악순환을 반복한다. 그래서 비만인 사람은 조금만 먹어도 살이 찐다.

평소에 숨을 바르게 쉬면 몸무게가 저절로 조절된다. 바른숨을 쉬는 사람들은 보통 사람보다 칼로리를 2배 이상 소모하기 때문에 웬만큼 먹은 식사량은 충분히 연소시킨다. 가만히 앉아서 하는 호흡이지만, 바른숨 1시간은 걷기 25분과 자전거 타기 35분과 맞먹는 운동 효과가 있다. 맛있게 먹을 만큼 먹으면서도 비만 걱정은 더는 하지 않아도 좋다.

산소는 음식과 마찬가지로 사람의 몸을 지탱하는 연료이다. 음식과 다른 점은 산소에는 칼로리가 전혀 없다. 사람은 칼로리가 없는 연료를 원하는 만큼 얼마든지 숨을 통해 마실 수 있다. 이것 또한 하늘의 축복일 것이다. 아랫배로 깊게 숨을 쉬면 풍부한 산소가 우리 몸에 들어와 세포의 생리적 반응을 더 빨리, 더 많이 일어나게 하여 음식으로 섭취한 칼로리를 모두 태우고도 남는다. '뇌내혁명'의 저자인 하루야마 시게오는 "호흡을 고르게 하면서 부드러운 운동을 오랜 시간 꾸준하게 하면 산소가 충분히 공급되어 지방을 연소한다."고 하였다.

살찐 사람의 숨쉬기는 병약한 사람의 숨쉬기와 비슷하다. 살이 찌거나 병약한 사람은 거의 가슴으로 호흡하면서 숨결이 얕고 빠르다. 횡격막을 이용해 폐 전체로 호흡하는 것이 아니라, 폐의 윗부분만으로 호흡을 하기 때문이다. 살을 빼고 건강해지려면 숨을 깊고 느리게 해야 한다. 깊게 호흡해야 폐에 산소가 충분히 들어오고, 천천히 숨을 쉬어야 산소가 말단 세포까지 잘 전달된다. 우리는 하루에 약 2만 번씩 호흡하고 있다. 횡격막을 깊게 내리면서 바르게 숨을 쉬면 호흡할 때마다 1,000CC의 공기를 더 마실 수 있어 평소 마시는 산소의 3~4배를 마실 수 있다. 엄청나게 늘어난 여분의 산소가 당신의 지방과 찌꺼기를 태우고 있다고 상상해 보라.

일반적으로 살이 찔 때는 복부부터 찌고, 살이 빠질 때는 얼굴부터 빠지는 것을 경험한다. 그러나 호흡을 통해서 비만을 관리하면 복부부터 살이 빠지기 시작하여 몸 전체에서 고르게 빠진다. 횡격막이 아래위로 크게 움직이면서 횡격막 아래에 있는 복부의 내장기관을 자극하여 복부에 쌓인 지방과 찌꺼기를 분쇄하고 융해시키기 때문이다.

보통 살이 빠지면 근육도 함께 빠진다. 그러나 호흡으로 살을 빼면 지방분만 연소시키기 때문에 근육은 전혀 줄지 않는다. 호흡을 하면 육(肉)의 살이 빠지고 기(氣)의 살이 돋아난다. 기의 살이란 새로 태어나는 세포가 기 에너지를 받아 맑고 밝은 빛을 띤 살이다. 그래서 우리 몸은 점점 육소기다(肉少氣多)의 건강 체질로 변한다. 호흡을 오래 한 사람이 슬림하면서도 맑고 밝은 화색을 띠는 것은 기의 살이 돋아난 덕분이다. 지금 바로 아랫배로 깊게 숨을 마시면서 여러분의 몸에 충분한 산소를 불어넣기 바란다.

혈압은 호흡으로 다스려야

혈압은 심장이 혈액을 뿜어낼 때 동맥의 혈관벽에서 받는 압력을 말한다. 통상 수축기 혈압이 140mmHg 이상인 때, 이완기 혈압이 90mmHg 이상인 때를 고혈압이라 한다. 유전, 스트레스, 염분의 과다 섭취, 비만, 운동 부족 등이 그 원인이다. 고혈압 환자는 보통 사람보다 호흡이 빠르고 리듬도 불규칙하다. 이와 같이 혈압과 호흡은 상관관계가 매우 높다.

기 에너지가 혈(血)을 통솔한다. 호흡을 바르게 해서 우리 몸에 기 에너지가 정상적으로 순환하면, 혈류도 순조로워져 혈압도 자연스럽게 안정을 찾는다. 교감신경이 활성화돼 우리 몸의 각 기관이 수축하면서 혈압이 올라간다. 숨을 내쉬면 부교감신경이 자극을 받아 신체 각 부위가 이완되면서 혈압이 내려간다. 따라서 숨을 다스리면 혈압도 다스릴 수 있다.

아랫배로 깊고 천천히 숨을 쉬면 아랫배에 수기(水氣)를 머금은 단전의 열기가 형성된다. 이것은 고혈압의 건조한 열기를 식히고, 저혈압의 빈약한 열기를 보충하여 혈압을 정상으로 만든다. 그리고 아랫배로 숨을 마시면 아랫배에는 복압이 형성되고 흉강에는 부(負)의 압력이 생긴다. 이것은 전신의 정맥이 심장으로 환류하는 것을 수월하게 해 심장에서 높은 압력으로 혈액을 밀어낼 필요가 없다. 또 깊은 호흡으로 몸에 충분하게 산소 공급이 이루어지면 혈류를 조절하는 중추신경계에도 좋은 영향을 주어 혈액의 흐름이 원활해진다.

사람이 극도로 긴장하거나 흥분할 때는 혈압이 올라간다. 이때 깊은 호흡을 몇 번 되풀이하면 흥분이 가라앉으면서 혈압이 내려온다. 이렇게 간단한 심호흡 몇 번만으로도 혈압을 조절할 수 있음을 확인할 수 있다.

일반적으로 스트레스를 받으면 혈압이 올라간다. 이는 스트레스를 받으면 숨 쉬는 방법이 달라지기 때문이다. 스트레스를 받으면 우리 몸에서 자율적인 방위 반응(fight or flight)이 일어나 호흡이 얕아진다. 스트레스 상황에서는 숨을 죽이거나 얕게 해야 다른 침입자나 위험이 접근하는 것을 듣고 대처하기가 쉽기 때문이다. 이럴 때는 호흡을 깊게 하지 못하므로 우리 몸이 충분한 산소를 받아들이지 못한다. 산소가 부족하면 혈관 속에 이산화탄소가 늘어 산성으로 변한다. 그러면 인체는 항상성을 유지하기 위하여 혈관 속에 나트륨을 늘리고, 이것이 혈압을 높인다.

혈압을 내리기 위해서는 날숨에 의식을 집중해 길게 한다. 숨을 내쉴 때는 부교감신경이 작용하여 몸이 이완하면서 혈관이 확장하기 때문이다. 호흡의 길이를 들숨과 날숨에 4:6 정도로 나누어, 날숨을 주로 하고 들숨은 그저 날숨에 맞춰 뒤따른다는 생각으로 한다. 마음을 편안하게 하고 숨을 '길게 천천히 내쉬고 마시기'를 반복하면 몸속의 혈관이 긴장이 풀려 느슨해지면서 심장의 펌프질이 부드러워져 피가 무리 없이 잘 흐르게 된다.

저혈압은 혈압이 정상보다 낮은 경우로, 수축기 혈압이 100mmHg 이하, 이완기 혈압이 60mmHg 이하인 때를 말한다. 저혈압인 사람은 고혈압과는 반대로 숨을 쉬면 된다. 들숨과 날숨을 6:4 정도로 나눠 숨을 천천히 길게 마신 후 내쉬기를 반복한다. 저혈압인 사람은 들숨과 날숨 사이에 '숨 정지'를 하면 좋다. 숨을 마시고 나서 숨을 멈춘 상태로 5초간 지난 후에 숨을 내쉰다. 숨을 멈추는 동안에는 복압이 올라가고 교감신경이 최대로 작용하여 혈관이 수축하기에 혈압이 정상으로 돌아온다.

조깅과 같은 동적인 운동을 하면 심장의 박동수가 빨라지고 혈압이 올라간다. 그러나 호흡은 반대이다. 고요하게 마음을 가라앉힌 상태이기 때문에 심장의 박동수가 평상시보다 낮아지고 혈압도 내려간다. 아랫배에 의식을 모아 마음을 안정하게 하는 것만으로도 혈압이 내려간다. 혈압은 의식이나 정신상태 또는 심리적인 요인에 의해 좌우되기 때문이다. 호흡할 때는 의식을 아래쪽으로 내리면 내릴수록 좋다. 의식을 발바닥 가운데 있는 용천혈에 집중하여 호흡을 하면, 머리에 올라와 있는 기운이 내려가면서 혈압이 낮아지는 효과가 있다.

최고의 정력은 호흡으로부터

성 기능의 근원은 정력(精力)이다. 정력은 우리 몸에 쌓인 정기(精氣), 즉 정 에너지에서 나오는 힘이다. 젊었을 때는 선천적인 정기가 있기 때문에 정력이 왕성하다. 나이가 25세까지는 정력을 소모하더라도 활발한 생리 활동으로 곧 보충된다. 25세가 넘으면 후천적인 정기 복원력이 떨어지기 시작한다. 이때부터는 정력을 소모한 만큼 인위적으로 보충해야 한다. 정기를 보충하지 않고 정력을 무리하게 낭비하면 생명력이 약해진다.

「소녀경」에는 호흡이 정력과 깊은 관계가 있다고 한다. 호흡으로 아랫배에 정 에너지를 모으면 이것이 경락을 통해 팔다리와 오장육부에 돌면서 정 에너지를 공급하기 때문에 자연히 정력이 왕성해진다. 건강 보조식품이나 정력제 복용으로는 일시적인 효과는 있을 수 있지만 근원적인 처방은 될 수 없다. 신체의 전반적인 기능이 조화를 이루며 순조롭게 돌아가게 하는 것이 정력을 강화하는 가장 좋은 방법이다. 호흡은 우리 몸과 조화를 이루면서 부작용 없이 정력을 보충할 수 있는 확실한 방법이다.

숨을 멈추는 동안에 항문을 조이면 정력이 강화된다. 항문 조이기는 예부터 남녀를 불문하고 궁중 비방으로 은밀히 사용해왔던 비전의 운동법이다. 5초 동안에 숨을 마신 후, 5초 동안 숨을 정지한 상태에서 항문 조이기를 1~2회 하고, 5초 동안 숨을 내쉬기를 반복한다. 항문을 조일 때는 하단전을 중심으로 기운을 돌돌 말아주는 이미지를 그리면서 괄약근을 조였다 풀어준다.

항문의 괄약근은 생명력과 밀접하게 연관되어 있다. 갓난아기의 항문은 단단히 조여 있다. 중병에 걸린 사람이나 노인의 항문은 느슨하고, 죽은 사람은 항문이 완전히 열린다. 호흡을 멈춘 상태에서 항문을 조이면 괄약근이 강화되어 정력이 강해질 뿐만 아니라, 하단전으로 들어오는 기운이 잘 갈무리 된다. 또한 내호흡이 강화되어 세포 속에 남아 있는 활성산소까지 완전히 연소되며, 내장을 직접적으로 자극하여 오장육부도 튼튼해진다.

항문을 조이면 항문 부위에 있는 회음혈이 자극받아 기혈 순환을 촉진한다. 항문 조이기는 골반, 허리, 오장육부 등에 자극을 주기 때문에 호흡과 관계없이 단순 운동법으로도 좋다. 항문 조이기를 많이 하면 맨땅이나 돌 위에 앉더라도 마치 가죽옷을 입고 앉아 있는 것처럼 엉덩이가 풍성한 느낌이 든다. 19세기 독일 체육 학자 케레르는 "하루 10분간 항문을 수축시키면 건강에 이상이 없이 무병장수한다."라고 했다.

회음혈에 집중하여 숨을 쉬는 것도 정력을 기르는 좋은 호흡이다. 의식을 회음혈까지 내려, 이곳으로 숨결이 드나든다고 상상하면서 호흡한다. 중국 고대에서는 정력을 강하게 하려고 회음혈을 손가락으로 자극하는 방법을 사용하기도 했다. 손바닥을 충분히 비벼 손가락을 따뜻하게 한 다음 가운뎃손가락으로 회음혈을 가볍게 마사지하면 된다.

인체의 장기 중에 정력과 관련 있는 것은 신장(콩팥)이며, 신장을 강화하려면 발바닥의 용천혈을 자극한다. 예부터 결혼 첫날밤에 신랑을 거꾸로 매달아 발바닥을 때리는 이유는 용천혈을 자극하여 양기를 강하게 하려던 것이었다. 우리 전통문화 속에 기 에너지의 흐름을 중시한 조상들의 지혜를 찾을 수 있다.

남성들은 하단전에 정 에너지가 충만해지면 성적 충동이 없더라도 성기가 발기하는 경우가 있다. 특히 아침에 자고 일어났을 때 많이 일어나는데, 이것은 충만한 정이 뻗쳐서 그렇다. 이때는 성기로 뻗친 정을 하단전 중심 쪽으로 회수해 주면 정 에너지가 잘 보존된다. 호흡을 할 때 들숨에 집중하여 성기를 마음속으로 수축시키면서 하단전 쪽으로 빨아들인다. 열 번 정도 이렇게 하면 정이 회수되어 발기가 풀린다. 조루 증세가 있는 사람이라면, 이 방법으로 자신을 조절할 수 있다.

숨결이 고와야 살결도 곱다

피부도 숨을 쉰다. 전체 호흡 중 1~2%가량이 피부를 통해 이루어진다. 피부는 '작은 호흡기'이다. 피부에 분포된 모세혈관으로 외부의 산소와 혈관 속의 이산화탄소가 교환된다. 깨끗한 공기 속에서 삼림욕이나 풍욕을 즐기는 것도 피부호흡과 관련이 있다.

숨결이 고와야 살결도 곱다. 호흡을 하면 맨 먼저 달라지는 것이 얼굴색이다. 호흡을 오래 한 사람들의 얼굴은 투명하고 윤택이 난다. 피부를 관장하는 장기는 바로 폐와 대장이다. 아랫배로 깊게 호흡을 하면 폐의 기능이 향상되고, 폐의 기능이 나아지면 경락상으로 서로 연결된 대장의 기능도 원활해지면서 피부가 고와진다. 폐병에 걸리면 피부가 창백하고, 변비가 있으면 피부가 거칠어지는 것도 이 때문이다. 엄지와 검지 끝에는 폐와 대장과 연결된 혈자리가 있으므로, 이를 자극해도 폐와 대장의 기운이 잘 소통되면서 피부가 건강해진다.

사람이 나이가 들면서 호흡이 짧아지면 만성적인 산소 부족으로 세포가 점점 퇴화해 안색이 좋지 않고, 주름살이 생기고, 기미가 끼면서 피부가 노화되기 시작한다. 숨을 바르게 쉬면 많은 양의 산소를 세포에 공급해 피부가 맑고 탄력을 찾으면서 얼굴이 동안(童顔)이나 홍안(紅顔)으로 바뀐다. 또한, 횡격막이 복부의 내장을 자극하여 내적 에너지를 활성화하고 내장 속의 공기 방울과 가스를 제거하므로 안색이 밝고 투명해진다.

피부와 내장과의 관계에 대한 재미나는 실험이 있다. 미국의 유명한 생리학자 캐넌 박사는 사형수를 이용해 실험했다. 한 사형수에게 "자네는 내일 사형을 한다네."라고 말했다. 사형수의 얼굴이 창백해졌다. 이때 그 사형수의 위벽을 내시경으로 들여다보니 안색과 마찬가지로 창백하게 변해 있었다. 또 캐넌은 그 사형수에게, "자네가 내 실험의 대상이 되는 것을 승낙했으므로 특별히 감형하고, 10년 정도면 감옥을 나올 수 있을 거야."라고 위로하였다. 그랬더니 이번에는 안색이 홍조를 띠었다. 그리고 위벽을 내시경으로 들여다보니 안색과 마찬가지로 홍조를 띤 것을 볼 수 있었다. 이와 같은 연구로 캐넌은 장기의 내벽도 우리의 얼굴이나 손의 피부와 연속선상에 있다는 결론을 내린다.

피부를 건강하게 하는 방법으로 피부로 숨을 쉬는 호흡법이 있다. 몸 전체의 피부에 있는 모공(毛孔)을 통해 공기가 들어오고 나간다는 모습을 머릿속으로 떠올리며 숨을 쉰다. 숨을 마실 때는 우주의 맑은 기운이 모공으로 들어와 피부를 촉촉이 적셔준다는 상상을 한다. 숨을 내쉴 때는 피부에 쌓인 찌꺼기가 밖으로 빠져나가 피부가 맑고 깨끗해지는 이미지를 떠올린다.

안색을 좋게 하려면 호흡 후 손으로 얼굴을 마사지하는 방법이 있다. 호흡을 10~20분가량 하면 단전이 따뜻해지고 손발에서 온기를 느낀다. 이때 두 손을 비벼주면 손바닥에 강한 열감이 생긴다. 이 열감으로 얼굴 전체를 세수하듯이 문질러 준다. 2~3차례 반복하면 얼굴에 있는 경락과 모세혈관이 활성화되어 얼굴에 핏기가 돌고 부드러워진다.

매끄러운 살결은 외부로부터 오는 것이 아니라 내면의 건강으로부터 나온다. 원래 미(美)는 건강한 몸과 아름다운 마음에서 나온다. 많은 사람이 다이어트와 미용으로 외적인 아름다움을 추구하지만, 진정한 아름다움은 내면에 있다. 아무리 외적으로 아름다움을 가꾸어도 몸속 혈액이 정체되고 장부에 탁기가 쌓이면 피부가 거칠어진다. 자기의 내면에서 저절로 흘러나오는 아름다움이 진정한 아름다움이다. 내면이 아름다운 사람은 아름다운 기운을 발산해 다른 사람도 아름답게 만든다.

탈모로부터 해방

　　남녀노소를 불문하고 탈모 인구가 늘어나고 있다. 탈모 때문에 스트레스를 받는 사람이 많다. 탈모는 20대 후반부터 시작되지만, 아주 빠른 경우에는 사춘기 이후부터 시작한다. 열대 지방일수록 탈모가 적다. 백인들 중에는 대머리를 흔히 볼 수 있지만, 인디언들은 대머리 찾기가 힘들다. 탈모는 우성의 성질이므로 부모 중에 한쪽이 대머리이면, 그 자식도 대머리가 될 확률이 높다.

　　탈모의 원인은 유전, 스트레스, 남성호르몬의 과다분비, 영양의 불균형 등 여러 가지가 있다. 가장 근본 원인은 몸 전반적으로 기혈의 흐름이 원활하지 않아 두피에 충분한 영양분이 공급되지 않기 때문이다. 탈모의 원인이 기혈의 흐름과 관련되기 때문에 약물 치료와 모발 이식 같은 일시적이고 국소적인 대증요법으로는 한계가 있다. 숨을 바르게 쉬면서 기 에너지를 보충하고 기혈의 순환이 잘 이루어지도록 해야 탈모를 예방하고 치유할 수 있다.

　　인체의 기운은 음(陰)의 기운인 수기(水氣)와 양(陽)의 기운인 화기(火氣)로 나뉜다. 수기는 차가운 기운으로 신장(腎臟)에서 발원하여 물처럼 아래로 내려가려는 성질이 있다. 화기는 뜨거운 기운으로 심장(心臟)에서 시작하여 불처럼 위로 올라가려는 성질을 가진다. 배꼽 아래쪽 하체는 수기가 강하여 냉기가 생기고, 가슴과 머리쪽에는 화기가 성하여 열이 생긴다. 이것은 우리 몸의 체온의 균형을 깨뜨려 기혈의 순환을 막고 각종 질병의 원인이 된다. 인체는 수기는 위로 올라가고 화기는 아래로 내려가는 수승화강(水昇火降)이 이뤄져야 체온과 기운이 균형을 맞춰 건강을 유지할 수 있다.

　　현대인들은 과도한 스트레스와 잘못된 숨쉬기 습관으로 수승화강과 반대로 기운이 흐르는 경우가 많다. 숨을 얕고 빠르게 쉬면 화기가 가슴과 머리로 솟구친다. 화(火)가 머리끝까지 올라가면 숨을 씩씩거리고, 얼굴이 벌겋게 변하며, 가슴이 답답해진다. 머리에 뻗친 화기는 두피 부위의 정상적인 기능을 막아 탈모로 이어진다. 이때 아랫배 단전에 의식을 집중하여 숨을 깊고 천천히 쉬면, 화기가 아래로 내려가면서 수승화강이 이루어지고 탈모가 방지되고 치유된다.

운기호흡도 탈모를 예방하고 치료한다. 숨을 마실 때는 단전에 쌓인 기운이 몸 뒤쪽 척추를 타고 머리끝까지 올라가게 밀어준다는 생각으로, 숨을 내쉴 때는 머리끝에서 몸 앞쪽으로 항문부위까지 내려보낸다는 생각으로 한다. 운기호흡은 현대인이 각종 스트레스로 가슴과 머리에 쌓인 열기를 아래로 내려줌으로써, 우리나라 사람이 많이 겪는 가슴 열병인 화병과 머리 열병인 탈모를 근원적으로 치료할 수 있다.

손가락으로 두피를 부드럽게 두드려주면 머리의 기혈 순환이 잘 이루어지면서 탈모를 예방하고 치료할 수 있다. 양손을 비벼 강한 열감이 생기게 해서, 이 열감을 두피에 전한다는 생각으로 손가락 끝 지문 부위로 두피를 가볍게 툭툭 두드려준다. TV를 보거나 여유 시간마다 두피를 두드리는 습관을 들이면, 탈모 부위에 희망의 싹이 돋으면서 성긴 머리가 촘촘해진다. 손가락 끝은 오장육부와 이어지는 혈자리가 있으므로 두피 두드리기는 탈모 방지는 물론 내장을 강화하는 좋은 방법이다.

목 뒤 후두근을 부드럽게 해주는 것도 탈모를 막는다. 후두근은 일명 '대머리 근'이라 불린다. 후두근이 굳어져 기능이 약해지면 앞머리 부분에 두피를 잡아주는 근육의 힘이 약해져 머리카락이 빠

진다. 머리카락이 빠지면 피부가 엷어지고 엷어진 피부를 후두근이
수축하면서 당겨주기 때문에 대머리는 반질반질하게 된다. 양 손가
락으로 후두근을 자극하면 몸 아래의 기혈이 두피까지 잘 전달된다.
후두근이 굳어져 대머리가 된 사람은 뇌졸중에 걸리기 싶다. 심장에
서 머리로 흐르는 동맥이 후두근 속을 지나는데, 후두근이 경직되면
이 동맥이 수축하여 뇌에 산소와 영양분을 원활히 공급하지 못하기
때문이다.

컴퓨터도 바른숨과 함께

디지털 시대에 컴퓨터 병으로 고생하는 사람들이 많다. 눈의
피로, 거북목증후군, 손목터널증후군이 대표적이다. 오랫동안 컴퓨
터에 노출된 사람 중에 약 20% 정도가 이 증상을 겪고 있다.

하루 종일 모니터에서 눈을 떼지 못하는 직장인을 괴롭히는
것은 눈의 피로다. 모니터에 눈을 고정한 채로 몇 시간이 지나면, 눈
이 시리고 뻑뻑하며 따갑다. 심하면 두통까지 온다. 컴퓨터에서 나
오는 전자파와 오염된 실내 공기 그리고 장시간 컴퓨터 작업에 따른
근육의 피로가 원인이다. 그러나 눈의 피로에 제일 많이 영향을 미
치는 것은 컴퓨터 작업을 하는 중에 일어나는 얕은 호흡과 일시적인
호흡 정지다. 모니터에 집중하여 업무에 몰입하면 자신도 모르게 호
흡을 얕게 하거나 일시적으로 숨을 정지하는 일이 자주 일어난다.

모니터를 뚫어져라 들여다보면 처음에는 숨소리가 점점 잦아
들다가, 고도로 집중할 때는 잠시 숨을 멈추기도 한다. 호흡이 잦아
들고 일시적인 정지를 되풀이하면, 눈에 산소가 충분히 공급되지 않
기 때문에 눈은 쉽게 지친다. 안구에 있는 혈관은 우리 몸 중에서 가

장 미세한 혈관이므로 산소 부족에 가장 민감하게 반응한다.

눈의 피로를 덜려면 컴퓨터 앞에서의 자세를 바르게 해야 한다. 등이 구부정한 자세는 복부가 눌리기 때문에 깊은 호흡을 방해하여 눈은 만성적인 산소 부족을 겪는다. 엉덩이와 등을 의자 등받이에 바짝 붙이면 복부의 움직임이 자유롭고 횡격막이 원활하게 움직이므로 호흡하기가 훨씬 편해진다. 눈의 피로를 느낄 때마다 이러한 자세로 깊은 호흡을 몇 분가량 하면 피로감이 한결 덜해진다.

간단한 눈 체조도 산소의 공급에 효과가 있다. 눈동자를 상하좌우로 움직이거나, 원을 그리면서 돌려주면, 눈 주위에 혈액순환이 활발해진다. 눈 주위의 경혈점을 자극하는 방법도 있다. 귀와 눈사이의 우묵한 곳인 객주인혈을 손가락 끝으로 자극하거나, 눈과 코사이의 정명혈을 지그시 눌러주면 눈의 기혈 순환이 훨씬 나아진다. 양 손바닥을 비벼 따뜻한 열감을 양 눈 위에 올리는 것도 눈의 피로를 푸는 데 도움을 준다.

컴퓨터 작업을 하면서 자세 이상 때문에 흔히 나타나는 것이 거북목증후군이다. 거북처럼 구부정하게 목이 앞으로 굽은 자세이다. 오랫동안 목을 앞으로 기울이면 원래 C자형인 목뼈가 일자형으로 굳어지고, 목을 지탱하기 위하여 목과 어깨의 근육이 긴장하여 근육통의 원인이 된다. 모니터를 눈보다 약간 낮게 하여 화면을 15°가량 내려 보도록 하는 것이 이상적이다. 컴퓨터 화면과의 거리도 30~70센티 정도로 유지하는 것이 좋다. 장시간 같은 자세로 있는 것을 피하며, 한 시간마다 10분씩 휴식을 취하고, 목과 어깨의 근육을 스트레칭 한다.

컴퓨터를 장시간 사용하면 손가락과 손목에도 통증이 생긴다. 처음에는 손가락이 저리거나 감각이 없어지다가 심하면 통증이 생기고, 나중에는 물건을 잡을 수 없거나 주먹을 쥐기조차 힘들어진다. 장시간 마우스를 사용하는 사람들에게서 나타나기 때문에 마우스 증후군이라고 불린다.

손목터널증후군은 오랫동안 경직된 자세로 마우스를 사용하여 손목이 지나치게 자극을 받아 손목 터널 내의 신경, 힘줄, 혈관 등이 긴장해서 생기는 현상이다. 손목의 신경이 압박을 받아서 나타나는 증상이므로 손목을 최대한 편안한 상태로 컴퓨터 작업을 하도록 한다. 컴퓨터 자판의 높이와 의자의 높이를 자기의 신체에 잘 맞추고, 자판의 높이는 팔이 수평이 되도록 한다. 가끔씩 손목과 손가락을 움직여 적당한 운동을 해주고, 마우스를 동일한 장소에서만 사용하지 말고 위치를 바꿔주는 것도 좋은 방법이다.

깊은 잠은 깊은 호흡으로

사람은 일생 동안 3분의 1을 수면으로 시간을 보낸다. 잠은 우리 몸의 피로를 풀어주고 기운을 충전시킨다. 옛 어른들은 '잠이 최고의 보약'이라고 했다. 그분들은 일과를 마치고 저녁 식사를 한 후, 밤이 오면 곧 잠자리에 들었다. 이렇게 푹 쉬고 새벽 먼동이 틀 때, 자리에서 일어나 일과를 시작했다. 자연의 순리에 맞는 생활 방식이다. 인간은 주행성(晝行性) 동물이므로 태양이 떠 있는 낮에는 열심히 활동하고, 달이 있는 밤에는 잠을 자면서 휴식을 취하는 생명 활동의 사이클이 인간의 뇌에 선천적으로 입력되어 있다.

깊은 잠이야말로 건강과 행복의 필수 요건이다. 편안하고 달콤한 잠은 적당한 운동과 함께 노화를 늦추는 묘약이다. 수면 중에

190

는 심장의 박동과 호흡의 수가 줄고 근육의 긴장이 풀리면서 신체는 휴식 상태에 들어간다. 이때 우리 몸은 건강하지 못한 세포를 수리하고 재생한다. 낮에 생활하는 동안 척추를 비롯한 관절에 변형이 생기는데, 대부분 잠을 자는 동안 몸을 뒤척이고 잠꼬대하면서 저절로 정상으로 돌아온다. 우리 몸의 대사 과정에 깊이 관여하여 노화를 방지하는 성장호르몬이 가장 많이 분비되는 시간도 바로 잠자는 시간이다.

잠은 그냥 정지해 있는 순간이 아니다. 끊임없이 움직이는 삶의 한 부분이다. 잠자는 동안에는 대뇌에서 일어나는 현재의식이 멈추기 때문에 아무런 생각을 할 수 없다. 그러나 생리 활동을 주관하는 간뇌[21]는 수면 중에도 활발히 활동하면서 피로한 몸을 회복하고 병든 부위를 치유한다. 우주의 기운도 잠이 들어 몸이 깊은 휴식에 들어갈 때 가장 풍부하게 들어온다. '열흘 이상 굶어도 견딜 수 있지만, 일주일 이상 잠을 자지 않고는 살 수가 없다'는 말은 이를 두고 한 말이다.

하루 5~8시간의 숙면을 취하면 아침에 눈을 뜰 때 기분이 상쾌하다. 낮에도 졸리거나 집중력이 떨어지지 않는다. 건강한 수면은 잠자리에 들자마자 깊은 잠에 빠질 수 있을 뿐만 아니라, 수면 중에도 우리의 심신이 최상으로 회복할 수 있도록 우리의 내면에 있는 잠재의식을 충분히 활성화시킬 수 있어야 한다.

잠자리에 누워 편안하게 숨을 고르면 빨리 잠이 든다. 호흡에 지나치게 집중을 하면 오히려 수면을 방해하므로 그냥 가볍게 단전을 의식하고 편안하게 호흡을 한다. 모든 것을 우주에 맡긴다는 생

---

21) 뇌의 한 부분으로서 대뇌와 소뇌 사이에 존재하는 작은 뇌. 주로 내장, 혈관의 활동과 자율신경과 같은 인체의 생리활동을 주관한다.

각으로 마음을 놓고 고요 속으로 빠져들어보자.

잠들기 바로 전의 생각은 잠자는 시간 동안 줄곧 내면의 잠재의식에 각인되어 우리 몸에 영향을 끼친다. '부부가 다투어 마음이 상하더라도 잠자리에 들기 전까지 서로 화해를 해야 한다.'는 말도 바로 이 때문이다. 잠자기 전에는 머릿속을 좋은 생각으로 가득 채운다. 하루 동안 받은 스트레스를 발바닥 쪽으로 밀어내고, 내일 일어날 일이 계획대로 잘 돼 가는 이미지를 떠올린다. 떠오르는 잡념을 가라앉히고, 텅 빈 마음으로 우주 한가운데 누워, 우주와 하나되는 이미지를 떠올려 보자. 나와 우주의 기운이 서로 교류한다는 느낌으로 깊은 잠 속으로 빠져들면 잠자는 시간 내내 우주의 기운이 당신의 몸속을 넘나들며 위로하고 치유할 것이다.

숨을 바르게 하면 초기에는 마음도 편해지고 기혈 순환이 잘 이루어져 깊이 잠드는 시간이 길어진다. 그 덕분에 아침에 깨면 몸이 가볍게 느껴질 정도로 몸 상태도 좋다. 호흡 수련을 오래하면 오히려 잠자는 시간이 점점 줄어들 수 있다. 호흡으로 상단전이 단련되어 의식이 항상 거울처럼 맑고 신(神)이 피로하지 않아 그렇다. 도가 높은 선인들은 며칠씩 눕지 않고 지낼 수 있다. 호흡의 단계가 높아지면 누구에게나 가능한 일이다. 보통 사람도 잠재의식을 활용하여 잠을 깊이 자면 4~5시간의 수면만으로도 충분하다. 바쁜 직장인들이 수면 시간을 줄일 수 있다면, 이보다 더 큰 경쟁력이 어디에 있으랴.

술은 호흡으로 다스려야

술(酒)은 닭(酉)이 물(氵)을 마시듯이 유(酉)시(오후 5~7시)에

조금씩 마시라는 뜻이다. 그러나 사회생활하는 데 뜻하지 않게 크고 작은 술자리를 피할 수 없다. 호흡을 지속적으로 하면 제일 크게 변하는 것 중 하나가 술에 대한 내성이 강하다는 점이다. 그리고 호흡하는 사람은 술자리에서 기분 좋게, 멋스럽게 술을 마실 수 있다. 풍류가 있다는 뜻이다.

사람에 따라 정도의 차이는 있지만 평소 주량의 2배까지 늘어날 수 있다. 그렇다고 그렇게 마셔도 좋다는 말은 아니다. 호흡으로 내공이 조금 쌓였다고 무리하게 술을 마시다가 낭패를 보는 예도 흔하다. 술을 제어할 수 없다는 말은 아직 호흡을 다스리지 못하였다는 뜻이다.

술도 적당하게 마시면 '백약(百藥)의 왕'이다. 술을 전혀 하지 못하는 사람보다는 적당히 즐길 줄 아는 사람이 건강하다고 한다. 적당한 양의 술을 맛있게 마시는 것은 체내에서 뇌내 모르핀이 분비되기 때문에 이보다 더 큰 보약이 없다. 술을 마실 때 몸이 망가진다고 부정적으로 생각하면 인체에 활성산소를 생성시키기 때문에 더 해롭다. '또 술을 마셨어. 몸이 망가지겠구나. 이러다가 혹시 알코올 중독이라도…'라고 상상하면, 실제로 인간의 뇌는 병에 걸리게 하는 독소 호르몬을 분비하게 된다.

주기(酒氣)도 일종의 기운이므로 호흡으로 다스릴 수 있다. 술기운이 많이 오른 상태에서는 호흡을 삼가야 하지만, 술기운이 어느 정도 가라앉은 후에는 편안한 호흡으로 몸 안의 술기운을 심법으로 밖으로 내보낼 수 있다. 몸 안에 남은 술기운이 머리끝에서부터 가슴, 복부, 다리를 거쳐 발바닥의 용천혈을 통해 밖으로 빠져나가게 한다. 머리끝 정수리로부터 하늘의 청정 기운이 들어와 몸 전체를 깨끗하게 씻겨주는 이미지도 그려본다. 술기운으로 피로해

진 오장육부가 생기를 띠면서 회복하는 모습을 떠올릴 수 있으면
더욱 좋다.

　　오장육부 가운데 술 때문에 제일 많이 혹사당하는 장기가 간
이다. 오른쪽 갈비뼈 아래쪽에 있는 간을 마음속으로 떠올리면서
'너를 혹사해서 미안하다.' 라고 암시하면서 대화를 나눈다. 간이
피로를 해소하면서 생기를 띠는 모습을 그려보는 것도 효과가 있
다. 자기 신체와의 대화는 해당 장부의 피로와 긴장을 덜고 생명력
을 불어넣는 데 크게 도움이 된다. 술 먹은 다음 날 아침에는 조용
히 마음을 가다듬고 호흡에 집중하여 자신을 바라보는 기회를 만들
자. 몸이 가벼워질 뿐만 아니라 자기성찰의 맛도 함께 누릴 수 있을
것이다.

사람 만나기가 즐겁다

　　삶의 여정은 다른 사람과의 관계 속에서 펼쳐지는 행로이다.
사람은 일생 동안에 끊임없이 사람과 상황에 관계를 맺고, 그 관계
속에서 자기를 확인하며 살아간다. 사람과의 관계에서 자신감이 생
기면 사람 만나기가 즐거워지면서 행복감을 느끼게 된다. 대인관계
를 부드럽고 조화롭게 만들어 갈 수 있는 능력이 바로 인생의 성공
을 좌우한다. 자신을 유연하게 가다듬고, 상대방과 조화롭게 어울
리며, 주위의 분위기를 밝은 방향으로 이끌어갈 수 있어야 좋은 대
인관계를 만들 수 있다.

　　똑같은 상황이나 대상일지라도 자신이 어떤 눈으로 바라보느
냐에 따라 다르게 보인다. 따뜻한 마음으로 바라보면 따뜻해 보이
고, 차가운 눈을 가지고 바라보면 차갑게 느껴진다. 자신이 변하면

세상도 변해 보이는 법이다. 동서고금을 막론하고 뭇 성인들이 고행을 마다 않고 수행에 전념한 것도 모두 자신을 변화시키기 위해서다.

호흡을 하면 자신을 다스릴 수 있다. 호흡은 대우주와 소우주의 교류이기 때문에, 인간이 자연의 성품을 닮아가게 된다. 자연의 성품은 바로 진성(眞性), 즉 사랑이다. 호흡을 하면 마음이 본성대로 착하게 변한다. 이것을 심전선화(心田善化)라 한다. 심전선화가 일어나면 다른 사람에게 항상 친절하고 부드러워질 수 있다. 심상이 착해지면 온몸이 환골탈태(換骨奪胎)가 되어 골상이 변하고, 관상이 달라지고, 운명이 바뀐다. 그리고 세상의 참모습이 보이기 시작한다.

마음을 고요하게 가라앉히고, 모든 것을 우주에 맡긴 채, 부드러운 사랑의 기운을 갈구하면서 호흡에 집중해보자. 자신의 잠재의식 속에 부드러움을 각인하면, 자기도 모르게 부드럽게 변한다. 부드러움이야말로 모든 강함과 날카로움을 포용하고 극복할 수 있는 힘이다.

사회생활을 하면서 상대방과 조화롭게 지내는 것은 큰 축복이면서 지혜이다. 상대방과 부딪치면서 갈등이 생기는 것은 서로의 기운이 교류되지 못하고 충돌하고 있다는 뜻이다. 이런 경우는 자신과 상대방의 기운을 교류시킨다는 이미지를 그리면서 호흡한다. 상대방의 모습을 자기의 단전 속에 넣어 사랑의 기운을 보내어 보자. 당신의 사랑의 기운이 상대방의 잠재의식에 전달될 것이다.

사람과의 관계로 인해 마음이 응축되면 병이 생긴다. 병의 원인은 대부분 마음의 응어리에서 비롯된다. 일상생활의 스트레스에서 생기는 응어리는 즉시 풀어주는 것이 병을 예방하는 방법이

다. 남에게 해를 입힌 경우에는 용서를 바라는 마음으로, 그리고 남
으로부터 피해를 본 경우는 이해하는 마음으로 호흡을 하면, 맺혔
던 응어리가 풀리고 마음도 편안해지면서 건강이 회복된다. 모든
미움과 화가 사라지면서 사람 만나기가 기다려질 것이다.

호흡으로 자신을 가다듬고, 상대방과 조화롭게 지내는 사람
은 조직이나 모임의 분위기도 밝게 이끌어 간다. 분위기는 여러 사
람이 함께 만들어 낸 공동의 기장(氣場)이다. 호흡하는 사람은 이러
한 공동의 기장을 다스리는 능력이 생긴다. 구성원 개개인을 마음
속에 떠올리면서 자신의 기운과 교류시킨다는 생각으로 호흡을 해
보자. 어둡고 침체된 공동의 기장이 밝고 활발한 기장으로 변해갈
것이다.

에너지 절약형 인간

호흡은 스트레스에 대한 내성을 강하게 만든다. 스트레스를
받으면 기가 아래로 내려가지 않고 가슴과 머리 쪽으로 올라오기
때문에, 기혈의 순환이 제대로 이루어지지 않고 얼굴이 화끈거리며
가슴이 답답해진다. 이때 조용히 아랫배에 집중하여 호흡에 몰입
해 보자. 머리와 가슴에 있는 스트레스의 기운이 아래로 내려가면
서 마음이 편안하게 가라앉을 것이다. 이렇게 들뜬 마음이 가라앉
고 평온을 유지하면 주위 사람들의 칭찬이나 비방에 일희일비(一喜
一悲)하지 않는 자신을 발견할 수 있다. 무심으로 사물을 바라볼 줄
알고, 중용의 자세로 판단을 내릴 수 있다.

인간지사 모든 일에 달인과 초보의 차이는 마음의 평정을 찾

아 무심(無心)해질 수 있느냐에 달려 있다. 올림픽에서 메달을 따느냐의 여부도 흔들리지 않는 편안한 마음에 달려있다. 특히 기록경기는 출발선에 섰을 때 마음가짐이 승패를 가늠한다. 상대 선수를 지나치게 의식하거나, 승부에 너무 집착하면 실패할 확률이 높다. 머릿속이나 마음자리에 상대 선수가 크게 차지하면, 자기의 공간이 없으므로 기량을 발휘하기가 어렵다. 최대의 적은 자기 자신이다. 호흡을 통해 자기를 다스리는 능력을 키워보자.

호흡으로 몸을 이완하고 마음의 평정을 찾으면 자질구레한 일상에서도 초연해질 수 있다. 불필요한 곳에 에너지를 낭비하지 않으며, 꼭 필요한 곳에 에너지를 집중시킬 수 있는 에너지 절약형 인간이 된다. 호흡을 통해 삶의 여유가 묻어나는 명품 인간으로 거듭나보자.

화(火)를 다스려라

'화가 났을 때는 마음속으로 열까지 헤아려라. 그래도 화가 풀리지 않으면 숨을 깊게 마셨다가 내쉬기를 열 번 반복하라' 는 옛말이 있다. 호흡으로 화를 다스리라는 말이다.

세상을 살면서 성냄, 불안, 긴장, 초조 등에서 비롯된 정신적인 스트레스를 전혀 받지 않고 살기는 힘들다. 그러나 똑같은 스트레스라도 사람에 따라 내성과 반응이 다르다. 특히 우리나라 사람은 화에 민감하여 화병이 많다. 화병(火病)은 문화 관련 증후군으로 미국 정신의학회의 질병 분류에 명시된 대표적인 스트레스성 질환이다. 화와 같은 격한 감정을 다스려 질병으로 발전되지 않도록 하는 것이 건강을 지키는 데 무엇보다 중요하다. 화를 다스리는 데는 호흡이 강력한 힘을 발휘한다.

가슴 가운데에 있는 중단전에 집중하여 호흡을 하면서 우주 속에 만연한 기 에너지를 모은다. 처음에는 미세하게 느껴지는 기 에너지에 사랑의 의식을 불어넣으면 사랑 에너지로 변한다. 이 사랑 에너지를 점점 크게 만들어 몸 전체에 가득 차게 만든다.

화가 나면 오장육부 중 제일 먼저 간이 상처를 받는다. 그래서 오른쪽 갈비뼈 아래에 있는 간에 의식을 집중하여, 숨을 마시면서 사랑의 마음을 보내고, 숨을 내쉬면서 미소를 보낸다. 이런 요령으로 폐, 위장, 심장, 신장 등 주요 장기를 차례로 돌아가면서 '사랑과 미소 보내기'를 계속한다. '사랑과 미소 보내기'는 우리의 몸에 관심을 보여주는 가장 좋은 방법이다. 이것은 스트레스가 일어났을 때 누구나 마음만 먹으면 할 수 있다. 특히 잠자기 전 '사랑과 미소 보내기'를 하면 긴장이 풀리면서 깊은 잠에 빠질 수 있다.

아랫배 하단전은 가슴에 일어나는 희로애락(喜怒哀樂)의 감정을 녹이는 용광로이다. 이것은 하단전에 있는 정 에너지의 흡인력 때문이다. 어린아이들은 속상한 일이 있어도 가슴에 오래 담아두지 않는다. 다른 좋은 일이 생기면 바로 마음이 풀린다. 억울한 일을 당하여 엉엉 울다가도 누군가 좀 따뜻하게 대해주면 울음을 그치고 밝게 웃는다. 이렇게 어두운 마음이 빨리 밝아질 수 있는 것은 하단전의 정 에너지가 충실한 덕분이다. 일상생활에서 나쁜 감정이 솟구치면 얼른 하단전에 정신을 모으고 호흡에 집중하는 습관을 만들어보자. 고요하게 숨을 고르며 아랫배로 마음을 돌리면 화로 격해진 마음이 가라앉으면서 가슴에는 평화가 깃들 것이다.

잠자는 잠재능력을 깨워라

> "Without mastering breathing, Nothing can be mastered"
> 호흡을 극복하지 않고는, 어떤 것도 극복할 수 없다.
>
> G.I Gurdjieff (1872~1949), 영적 지도자, 러시아

> "내 눈에는 무한한 잠재력과 가능성이 있는 미래가 보인다. 인간은 뇌의 고작 5%밖에 활용하지 못하고 있다. 사람이 마음과 감정의 잠재능력을 모두 활용하는 세상을 상상하라. 그곳에서는 어디든 갈 수 있고, 무엇이든 할 수 있다."
>
> 존 해길린(John Hagelin), 양자물리학자, 미국

인간의 두뇌에는 우리의 상상을 초월하는 거대한 잠재능력이 있다. 사람은 평소 뇌의 단 5%조차도 쓰지 않는다. 인간의 창의성은 천재들의 전유물이 아니다. 누구나 가지고 있는 잠재능력을 계발하면 가능하다. 호흡은 인간의 잠재능력을 최고조로 발현하게 하는 강력한 도구다. 이는 뇌의 해부학적 차원과 인간의 의식적 차원으로 설명할 수 있다.

뇌는 인체의 최고 사령부다. 각종 정보를 수집, 저장, 처리, 판단, 지시하는 역할을 한다. 우리 뇌는 해부학적으로는 대뇌, 간뇌, 중뇌, 소뇌, 뇌교, 연수, 송과체, 뇌하수체 등으로 세분하고 있지만, 크게 대뇌와 간뇌로 구분한다. 간뇌는 오래된 뇌라고 하여 구피질이라 부르고, 대뇌는 나중에 새롭게 생긴 것이라 하여 신피질이라고 한다. 인간과 같이 생각을 많이 하는 고등동물일수록 대뇌가 활성화돼 있다. 생명에 필요한 본능적인 활동에만 관여하는 간뇌는

짐승이나 하등동물이 특히 발달했다.

　　대뇌는 정보를 수집, 판단, 지시하는 역할을 하지만, 간뇌는 대뇌의 판단과 지시를 받아 정직하게 실현하면서 인체의 생명 활동을 조절하고 항상성을 유지하게 하는 역할을 한다. 즉 간뇌는 대뇌가 내리는 지시와 명령을 분별심 없이 시키는 대로 따라 할 뿐이다. 대뇌가 긍정하게 생각하면 간뇌는 그 생각을 받아 우리 몸속에 좋은 호르몬을 분비한다. 그러나 대뇌가 부정하게 생각하면, 간뇌는 독소 호르몬을 분비하여 우리 몸을 황폐하게 한다. 호흡하면서 고도로 집중한 상태를 유지하면 우리 뇌 속에서는 간뇌가 활성화하기 시작한다. 따라서 호흡 중에 대뇌로 생각하거나 상상으로 이미지를 그린 것은 모두 간뇌에 각인되어 실현되게 하는 메커니즘이 일어난다.

　　인간의 행동이나 신체 반응은 생각이나 의식에 따라 나타나는 반응이다. 그런데 인간의 의식에는 현재의식과 잠재의식이 있다. 현재의식은 대뇌에서 일어나는 생각이다. 이는 선택, 분석, 결정하는 능력이 있다. 잠재의식은 간뇌에서 일어나는데, 이는 선택, 분석, 결정의 능력이 없고, 다만 현재의식이 시키는 대로 충실히 따르기만 한다. 즉 잠재의식은 현재의식이 암시하는 대로 맹목적으로 따라가면서 그 암시를 실현시킨다. 현재의식으로 신념을 가지고 강하게 생각하거나 말하면, 이것이 잠재의식에 확고하게 각인되고, 잠재의식에 각인된 그 말이나 생각은 반드시 실현된다. 즉 세상만사는 생각한 대로 이루어진다. 원효대사의 '일체유심조(一切唯心造)'는 잠재의식의 원리를 가장 먼저 그리고 가장 짧게 표현한 것이 아닐까?

　　잠재의식과 현재의식의 활동은 반비례해서 일어난다. 잠자는 동안에는 대뇌에서 일어나는 생각이 전혀 없기 때문에 현재의식은 멈춘 상태에 있다. 그러나 이때가 잠재의식이 최고조로 활성화되는 때이다. 호흡을 하면서 고도로 집중했을 때도 현재의식의 작용이 현저히 줄어들고 잠재의식은 그만큼 늘어난다. 수면 중에는 현재의식이 완전히 멈추기 때문에 생각으로 잠재의식을 조절할 수 없지만, 호흡을 할 때는 몇 가닥의 생각이 남아 있기 때문에 이것으로 잠재의식을 의도적으로 조절할 수 있다.

의식을 최대한 아랫배에 집중하여 자신의 호흡을 응시해보자. 마음의 심층 끝까지 의식을 내려 깊은 고요 속으로 들어가 보자. 한없이 깊은 내면으로 향하면 숨결이 거의 끊어진 것처럼 고요하다. 집중을 한다고 해서 뚫어지게 무엇을 생각하거나 쳐다보는 것이 아니다. 흘러가는 구름을 물끄러미 바라보듯 마음의 눈으로 편안하게 자기의 내면을 향한다. 몇 가닥의 현재의식만 맑게 깨어있는 상태에서 그저 깊은 평화에 잠길 것이다. 모든 것을 우주에 맡기고 편히 쉬고 있다고 상상한다. 이때야말로 잠재의식이 최고조로 활성화된 상태이다. 몸과 마음이 잠자는 상태에 이르고, 몇 가닥의 현재의식만 거울처럼 맑고 또렷한 상태를 유지한다. 이러한 호흡 상태에서 자신이 생각하고 상상하고 암시한 것은 무엇이든 이루어 질 수 있으리라.

Summaries

❖산은 자연의 얼굴이다. 인간 또한 자연의 일부이다. 그래서 산과 인간은 원래 자연이라는 틀 속에서는 일체이다. 우리가 산과 하나라고 생각할 때, 산을 바라보는 눈길이 달라진다.

❖살아가면서 복잡하고 어려운 일에 대한 해답은 모두 산에 있다. 조용히 호흡

을 음미하면서 산에게 물어보도록 하자. 산은 우리 자신이자 우리의 대화 상대이기 때문이다.

❖내공은 일반 스포츠와는 다르다. 단순한 노력이나 기술로 하는 것이 아니다. 글자 그대로 공(功)이 들어가야 한다. 마음이 들어가야 한다는 뜻이다. 조급한 마음으로 얼마 동안 집중적으로 노력을 한다고 해서 이루어지는 것도 아니다. 홀로 고독하게 하는 자신과의 싸움이다. 하늘을 감동시킬 수 있는 정성이 전제되어야 한다.

❖바른숨을 쉬는 사람들은 보통 사람들보다 칼로리를 2배 이상 소모하기 때문에 웬만큼 먹은 식사량은 충분히 연소시킨다. 가만히 앉아서 하는 호흡이지만, 바른숨 1시간은 걷기 25분과 자전거 타기 35분과 맞먹는 운동 효과가 있다.

❖호흡을 하면 육(肉)의 살이 빠지고 기(氣)의 살이 돋아난다. 기의 살이란 새로 태어나는 세포가 기 에너지를 받아 맑고 밝은 빛을 띤 살이다. 그래서 우리 몸은 점점 육소기다(肉少氣多)의 건강 체질로 변한다.

❖원래 미(美)는 건강한 몸과 아름다운 마음에서 나온다. 많은 사람이 다이어트와 미용으로 외적인 아름다움을 추구하지만, 진정한 아름다움은 내면에 있다.

❖인체는 수기는 위로 올라가고 화기는 아래로 내려가는 수승화강(水昇火降)이 되어야 체온과 기운이 균형을 이루어 건강이 유지된다.

❖떠오르는 잡념을 가라앉히고, 텅 빈 마음으로 우주 한가운데 누워, 우주와 합일되는 이미지를 떠올려 보자. 나와 우주의 기운이 서로 교류된다는 느낌을 가지고 깊은 잠 속으로 빠지게 되면. 잠자는 시간 내내 우주의 기운이 당신의 몸속을 넘나들면서 당신의 몸을 위로하고 치유해줄 것이다.

❖호흡은 대우주와 소우주의 교류이기 때문에, 인간이 자연의 성품을 닮아가게 된다. 자연의 성품은 바로 진성(眞性), 즉 사랑이다. 호흡을 하면 마음이 본성대로 착하게 변한다. 이것을 심전선화(心田善化)라 한다.

❖호흡으로 몸을 이완하고 마음의 평정을 찾게 되면 자질구레한 일상에서도 초연해질 수 있다. 불필요한 곳에 에너지를 낭비하지 않으며, 꼭 필요한 곳에 에너지를 집중시킬 수 있는 에너지 절약형 인간이 된다.

제4부

바른숨의 응용

완전한 호흡은 우리가 하는 것이 아니라,
우리가 내면을 가꾸어 호흡이
잘 되도록 허락하는 것이다

바른숨을 꾸준히 몸에 익힌 사람은 호흡의 길이가 10~20초
로 늘어나게 된다. 선천적으로 호흡의 기능이 좋은 사람은 바로 20
초로 늘어나겠지만, 그렇지 못한 사람은 무리하게 20초로 늘릴 필
요는 없다. 10초 호흡만으로도 여러분의 몸에 놀라운 변화가 일어
나기 때문이다. 10초 호흡을 꾸준하게 일상의 호흡으로 만들어 나
가면, 숨의 길이는 저절로 12, 14, 16, 18, 20초로 늘어난다. 20초
호흡을 하면 1분에 3번 숨을 쉬게 된다. 1분에 12~15번 쉬던 숨의
횟수가 3번으로 줄었다는 것은 여러분의 몸에 호흡의 혁명이 일어
났다고 볼 수 있다. 이 책을 통해서 20초 호흡을 몸에 익힌 사람은
앞으로도 틀림없이 호흡으로 성공할 수 있을 것이다.

20초 호흡은 바른숨의 완성이면서, 또 다른 새로운 차원의 호흡
의 시작이다. 어린아이는 걸음마 단계를 넘어서면, 누가 가르쳐주지
않아도 뛰어다니기도 하고 구르기도 하면서 온갖 재주를 다 부린다.
마찬가지로 20초 호흡을 몸에 익힌 사람은 자신에게 가장 잘 맞는 새로
운 호흡을 스스로 만들어 나가는 능력이 생긴다. 동서고금의 여러 가
지 다양한 호흡법도 결국은 바른숨의 응용에 지나지 않는다.

이 부에서는 바른숨을 바탕으로 해서 응용할 수 있는 여러 가
지 호흡법을 소개한다. 자신에게 가장 잘 맞는 호흡을 찾아 이를 발
전시켜 나가는 것은 결국 자신의 몫이다. 자기다움이 배어있는 호흡
이 최고의 호흡이요, 최고의 호흡 지도자는 바로 자기 자신이다.

명문혈 호흡

명문혈(命門穴)은 허리 뒤쪽 중앙의 2번과 3번 요추 사이의

움푹 들어간 곳에 위치한 인체의 중요한 혈자리 중의 하나이다. 배꼽에서 바로 뒤쪽으로, 즉 척추 쪽으로 수평의 선을 그었다고 상상하면 척추와 만나는 지점이다. 명문혈은 오장육부에 에너지를 공급하는 혈자리로서 전반적인 건강 상태를 진단할 수 있는 생명의 문이다. 명문혈에서 느껴지는 기 에너지의 느낌이 상쾌하고 강하면 하단전의 정 에너지가 충만하고, 느낌이 약하거나 안으로 끌려 들어가면 정 에너지가 부족한 경우이며, 차가운 느낌이 들면 신장의 기운이 허한 상태이다.

바른숨이 어느 정도 익숙해지면 의식을 허리 뒤쪽 명문혈에 둔 채 호흡을 하면서 명문혈을 단련시킬 수 있다. 호흡을 하기 전에 양손 주먹으로 허리 뒤쪽의 요추 부위를 툭툭 치면서 긴장을 풀어주면 호흡하기가 수월하다. 명문혈에 코가 있다고 상상해도 좋다. 얼굴에 있는 코를 잠시 잊어버리고, 명문혈에 있는 상상의 코에 정신을 집중하여 숨을 마시고 내쉬면 된다. 숨을 마실 때는 명문혈의 코를 통해 우주의 기 에너지를 받아들인다는 생각을 하고, 숨을 내쉴 때는 명문혈의 코로 몸 안의 찌꺼기와 삿된 기운을 밖으로 내보낸다.

숨을 마실 때는 명문혈에서 배꼽 쪽으로 의식을 이동하고, 숨을 내쉴 때는 배꼽에서 명문혈 쪽으로 의식을 움직인다. 의식을 이동할 때는 약간 포물선을 그리듯이 이동하면 한결 리듬감이 있다. 마치 지구가 일정한 궤도에 따라 태양의 주위를 돌듯이, 숨을 마실 때는 위로 포물선을 그리고, 숨을 내쉴 때는 아래로 포물선을 그리면서 이동한다. 명문혈 호흡은 의식을 온전히 단전에 모을 수 있으므로, 아랫배 호흡의 집중력을 고도로 단련시키면서 우리 몸의 생명력을 강화할 수 있다.

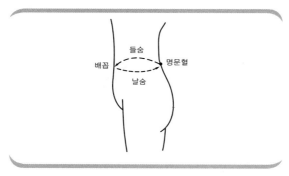

그림 4-1 명문혈 호흡

정수리 호흡

숨을 쉴 때 외부로부터 공기는 코를 통해서 폐 속으로 들어오지만, 우주의 기 에너지는 코는 물론 우리 몸에 분포된 여러 혈자리를 통해 몸속으로 들어온다. 그중에서도 머리의 정수리에 있는 백회혈과 항문 부위에 있는 회음혈이 가장 중심 된 기운 구멍이다. 백회혈은 우리 몸에서 가장 높은 곳에 위치하고 있는 혈자리로서, 코 · 인당 · 목의 경추를 잇는 정중선과 양쪽 이첨(귀의 가장 높은 부위)을 잇는 선이 만나는 지점이다.

백회혈(百會穴)은 백 가지의 양의 경락이 만나는 혈자리로써 하늘의 양의 기운(火氣)을 받는 곳이라 하여 '대천문(大天門)'이라고도 한다. 백회를 진단하면 몸의 전체적인 상태를 알 수 있으며, 「동의보감」에서는 하늘의 기운과 통하는 '혼백이 드나드는 곳'이라고 했다. 사람의 눈으로 볼 수는 없지만, 숨을 쉴 때 정수리의 백회혈 숨구멍이 벌어졌다 오므라들었다 한다.

태아 때는 정수리의 좌우 머리뼈 사이가 많이 벌어져 있다. 갓 태어난 아기들의 정수리를 만져보면 말랑말랑하다. 정수리로 들어온 양의 에너지는 몸 한가운데를 관통하는 기운의 중심 통로인 중맥(中脈)을 통해 배꼽 아래의 하단전까지 내려온다. 갓난아이들은 백회혈을 통해서 양의 에너지가 풍부하게 들어오기 때문에 항상 활기차고 지칠 줄 모른다. 그러나 생후 몇 년이 지나면 좌우의 머리뼈가 달라붙기 시작하고, 어른이 되면 침(針)이 들어갈 만한 작은 구멍만 남기 때문에 우주의 기운이 미약하게 들어온다.

이 백회혈 숨구멍을 뚫는 방법은 오직 밝은 마음과 호흡으로만 가능하다. 머릿속의 잡념을 떨쳐버리고, 가슴을 푸른 하늘처럼 활짝 열어 마음을 평화롭게 해야 백회혈의 숨구멍이 열린다. 그래서 호흡을 할 때는 항상 편안한 마음으로 좋은 생각을 하면서 호흡에 집중해야 한다. 한 호흡 한 호흡마다 한없이 맑고 밝은 하늘과 함께 숨을 쉬면, 백회혈이 열려 양의 에너지가 들어와 단전에 축적된다.

우리 몸에서 백회혈에 대응하는 혈자리로서 회음혈(會陰穴)이 있다. 항문과 생식기 사이에 있으며, 인체가 땅의 에너지를 받아들이는 혈자리이다. 백회혈이 양의 에너지가 모이는 곳이라면, 회음혈은 음의 에너지(水氣)가 수렴되는 곳이다. 회음혈이 건강한 사람은 삶에 대한 강한 의지와 활력이 넘친다. 그러나 이곳이 막혀 있으면 생기가 없고 집중력이 떨어져 아픈 사람처럼 보이기도 한다. 항문의 괄약근을 조였다 풀었다하는 동작으로 회음혈을 강화할 수 있다.

정수리 호흡은 백회혈로 숨을 마시고, 회음혈 쪽으로 숨을 내보낸다. 백회혈에 하늘과 통하는 숨구멍이 있다고 상상을 하고, 숨을 마실 때는 그 숨구멍을 통해 양의 에너지가 들어와 상단전에 쌓인다는 상상을 한다. 숨을 내쉴 때는 상단전에 쌓인 양의 에너지 장을 중맥(中脈)을 따라 음의 에너지가 모여 있는 회음혈 쪽으로 내린다.

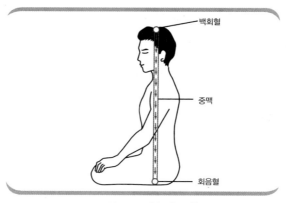

그림 4-2 정수리 호흡

　　호흡을 하기 전에 손가락 끝 지문으로 정수리 부위를 부드
럽게 문질러주면 백회혈이 활성화된다. 내면의 시선을 정수리에
집중하여 그 부위가 열리는 것을 상상하는 것도 좋다. 정수리가
열릴 때는 미약한 진동이나 따끔거림 또는 찌르는 듯한 느낌을 받
을 수 있다.

　　정수리 호흡은 양의 에너지 장을 활성화시키기 때문에, 양기
가 부족하여 항상 허약한 체질인 사람에게 특히 효과가 있다. 머리
부위의 양의 에너지 장이 활성화되면 신(神)이 밝아져서 스트레스,
불면증 등 정신 질환이 치료되고, 항상 밝고 신명 나는 생활을 할 수
있다. 그리고 양의 에너지 장이 중맥을 따라 음의 에너지 장 쪽으로
내려오기 때문에 인체 에너지 흐름이 음과 양의 조화(水昇火降)를
이루게 되고, 이로 인해 우리 몸의 기혈의 순환이 촉진되어 몸의 체
질이 전반적으로 개선된다.

　　양의 기운이 지나치게 준동하여 상열감이 있거나 마음이 들
떠 있는 양의 체질인 사람은 정수리 호흡과 반대로 회음혈 호흡을

하면 좋다. 회음혈로 숨을 마시면서 음의 에너지 장을 활성화하고, 이를 숨을 내쉴 때 중맥을 따라 백회혈 쪽으로 올려보낸다. 자신의 체질에 따라 정수리 호흡과 회음혈 호흡을 번갈아 가면서 호흡하는 방법도 인체의 에너지 장의 균형을 만드는 데 도움이 된다.

용천혈 호흡

인체의 발은 간, 담, 비장, 위장, 신장, 방광의 내장 기관과 연결되는 혈자리가 모여 있는 곳이다. 그 중에서 가장 중요한 혈자리가 바로 용천혈(湧泉穴)인데, '기력이 샘처럼 솟아나는 혈'이란 뜻이다. 발바닥을 세로로 삼등분하여 3분의 1이 되는 지점의 가운데에 자리 잡고 있다. 손으로 발가락을 꾹 누르면 발바닥에 깊은 주름이 생기는데, 그 주름의 중심 부위가 용천혈이다. 용천혈은 신장(콩팥)혈이 시작되는 혈자리이기 때문에, 이를 자극하면 허리 뒤쪽의 신장이 활성화되어, 신장에 잠재된 선천의 기운(先天之氣)이 생식기 쪽으로 이동하여 양기가 강화된다.

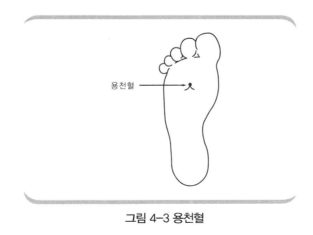

용천혈

그림 4-3 용천혈

용천혈 호흡은 용천혈에 커다란 숨구멍이 있다고 상상하면서, 용천혈로부터 숨을 마시고 용천혈을 통해서 숨을 내보낸다. 의자에 앉거나 누워서도 할 수 있지만 발바닥을 땅에 딛고 일어선 자세에서 하면 땅의 기운(地氣)을 온전히 받을 수 있다. 발을 최대한 이완시켜 바닥 위에 편안하게 내려놓고, 고요히 휴식을 취하면서 호흡을 하면 된다. 용천혈에 집중하여 숨을 쉬면 용천혈 부위에서 경미한 진동이나 압박감과 같은 기감이 온다. 이 느낌이 다리 전체로 퍼져 아랫배 단전까지 올라오도록 유도한다.

내면의 시선을 용천혈에 둔 채, 숨을 마실 때 발바닥에서 샘물이 솟아나는 듯한 기감이 다리를 거쳐 온몸의 조직과 기관으로 스며드는 것을 느껴보자. 숨을 내쉴 때는 몸속의 삿된 에너지가 숨결과 함께 용천혈을 통해 밖으로 빠져나가는 것을 상상한다. 처음에는 이러한 느낌을 받지 못하더라도, 꾸준히 노력하면 용천혈 호흡의 묘미를 즐길 수 있다.

노궁혈 호흡

손은 발과 함께 우리 몸의 신체 부위 중에서 활동량이 가장 많은 곳이다. 손에는 중요한 내장 기관인 폐, 대장, 심장, 소장과 연결되는 혈자리가 모여 있다. 이 중에서 가장 중심 된 혈자리가 노궁혈(勞宮穴)인데, 손바닥 한가운데에 위치하고 있다. 두 번째 손가락과 세 번째 손가락뼈 사이에 있는데, 주먹을 가볍게 쥐었을 때 가운데 손가락의 끝 부분이 닿는 곳이다. 이곳을 꾹 눌리면 압통이 느껴진다.

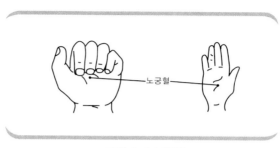
그림 4-4 노궁혈

　　손바닥의 노궁혈에 집중하여 호흡을 하면 가슴에 쌓여 있는 화기(火氣)가 조절된다. 일상생활 속에 스트레스를 많이 받으면 가슴에 화기가 쌓여 병이 되는데, 노궁혈 호흡은 이 화기를 풀어준다. 그래서 일종의 스트레스 병인 화병(火病)을 가진 사람이 노궁혈 호흡을 오랫동안 하면 화기가 풀리면서 전반적인 건강 상태가 향상된다.

　　노궁혈 호흡을 하기 전에 손바닥을 자극하여 긴장을 충분히 풀어주면 좋다. 두 손으로 박수를 치거나 비벼주면 손바닥에 열기가 나면서 자동적으로 노궁혈이 활성화된다. 또 엄지와 중지 손가락 끝으로 반대 손의 노궁혈을 힘을 주어 눌러주면 압통이 오면서 시원하게 자극된다. 노궁혈 호흡은 편안하게 앉아서 양손을 무릎 위에 올려놓고 손바닥이 하늘을 보게 하는 자세를 취한다.

　　노궁혈 호흡은 양 손바닥의 노궁혈에 의념을 집중시켜 호흡을 한다. 의식을 손바닥 가운데의 노궁혈에 집중하면 기 에너지의 감각이 느껴진다. 처음에는 스멀거림이나 따끔거림, 화끈거림 같은 것이 느껴지다가 노궁혈이 열리게 되면 강한 압박감이나 무게감으로 변하면서, 그 기운이 팔을 따라 올라오는 것을 감지할 수 있다. 작은 느낌이라도 그것을 시작으로 하여 점차 크게 느껴지도록 유도 한다.

손바닥의 감각에 집중한 채 노궁혈에 숨구멍이 있다고 상상하면서, 노궁혈로부터 숨을 마시고 내쉰다. 숨을 마실 때는 노궁혈로부터 숨결이 들어와서 양팔을 타고 올라와 하단전에 기 에너지가 쌓이고, 숨을 내쉴 때는 몸속의 삿된 기운이 양팔을 거쳐 노궁혈로 빠져나간다고 상상한다.

노궁혈 호흡은 가슴의 화기를 풀어주어 심신을 안정시키기 때문에 많은 사람 앞에서 발표를 하면서 불안을 느끼는 사람에게 효과적이다. 몸이 긴장하여 떨리는 경우에는 조용히 노궁혈에 집중하여 숨결을 가다듬으면 곧 안정된다. 기도나 참배를 할 때 두 손을 모으고 합장을 하는 경우가 많다. 이때 양손의 노궁혈에 집중하여 호흡을 하면 마음이 안정되고 집중력이 강화되어 기도의 효과가 크다.

신궐혈 호흡

우리 몸에는 손과 발처럼 혈자리가 집중적으로 모여 있는 또 다른 부분이 있는데, 그것은 바로 복부 부위이다. 등이 우리 몸의 양의 기운을 수렴하는 곳이라면, 배는 우리 몸의 음의 기운을 수렴하는 곳이다. 배에는 음의 기운이 모여 있으므로 옛날부터 배를 따뜻하게 해주면 모든 병의 근원이 없어진다고 했다. 음의 기운을 관장하는 배 부위의 혈자리 중에서 대표적인 것이 신궐혈(神闕穴)이다.

신(神)은 으뜸신(元神)이고, 궐(闕)은 궁궐을 의미한다. 즉 신궐은 원신이 드나들고 거주하는 곳이라는 뜻이다. 신궐혈은 배꼽 바로 정중앙에 위치하고 있으며, 복부에서 발생하는 질병을 다스리는 데 중요한 혈자리이다. 동양의학에서는 신궐혈을 자극하면 인체의

214

면역력이 높아지고, 복부에 있는 내장 기관의 기혈이 원활하게 소통되어, 몸 전반적인 건강이 회복된다고 한다.

신궐혈은 내장 기관 중에 특히 소장과 대장에 밀접하게 연결되어 있다. 소장은 영양분을 흡수하고, 대장은 노폐물이 배출되는 기관이다. 음식물은 소장과 대장을 통과하면서 영양 물질로 변하게 되는데, 이러한 영양 물질은 호흡으로 얻어진 기 에너지와 반응하여 우리 몸에 정(精)이 생성된다. 신궐혈을 통해 숨결을 불어넣으면 음식물이 잘 소화될 뿐만 아니라, 정 에너지가 충분하게 만들어져 우리 몸이 항상 정으로 충만해진다.

신궐혈 호흡은 배꼽으로 하는 호흡이라고 생각하면 된다. 배꼽 부위에 숨구멍이 있다고 상상하면서 숨을 쉰다. 얼굴에 있는 코가 배꼽 부위로 옮겨져 있다는 이미지를 주는 것도 좋다. 숨을 마실 때는 의식을 배꼽에서 등뼈 쪽으로 당기고, 숨을 내쉴 때는 반대로 의식을 등뼈 쪽에서 배꼽 쪽으로 밀어준다. 명문혈 호흡과 반대로 호흡하면 된다. 의식을 당기고 밀 때는 고무풍선이 부풀었다가 수축해지는 모습을 상상하면서 리듬감 있게 숨결을 받아들이고 내보낸다.

신궐혈이 있는 배꼽은 태아가 모태에 있을 때 어머니로부터 기혈을 받아 생명을 키운 곳이기 때문에 인체의 뿌리에 해당한다. 뿌리에 영양을 주면 가지와 잎이 무성하고 꽃이 피고 열매가 튼튼해지는 것처럼, 배꼽에 집중하여 호흡을 지속적으로 하면 우리 몸의 뿌리에 기 에너지가 공급되는 것과 마찬가지다. 그 결과 우리 몸에 정을 충만케 하면서 오장육부를 튼튼히 하여 각종 질병을 예방하고 치료할 수 있다.

임독맥 운기호흡

인체는 끊임없이 움직이고 흘러야만 생명력이 유지된다. 우리 몸의 기운이 기운의 통로인 경락을 따라 활발하게 흐를 때, 몸도 가볍고, 생각도 밝아지고, 기쁨과 즐거움이 솟는다. 어릴 때는 기운의 흐름이 원활하지만, 나이가 들수록 기운의 통로가 막히기 시작하면서 흐름이 약해진다.

제일 먼저 막히는 기운의 통로는 정수리 부위의 백회혈에서 항문 부위의 회음혈까지 통하는 중맥이고, 이를 뚫어주는 호흡이 바로 정수리 호흡이다. 그 다음에 막히는 것이 우리 몸의 상반신의 앞뒤 정중앙선을 따라 순환하는 기운의 통로인 임독맥이다. 어른이 되면 임독맥이 거의 막혀 좁아진 통로로 겨우 미미한 기운이 흐를 뿐이다.

임독맥은 임맥과 독맥을 말한다. 임맥은 우리 몸의 모든 음(陰)의 혈을 주관하는 것으로 윗입술 부위에서 가슴과 복부 중앙선을 따라 내려가 항문 부위의 회음혈까지 이어진다. 독맥은 우리 몸의 양(陽)의 혈을 총괄하는 것으로 회음혈에서 시작하여 꼬리뼈와 척추를 따라 올라와 머리끝 정수리의 백회혈을 지나 윗입술에까지 이르는 기운의 통로이다.

임독맥 기운의 운행은 회음혈에서 시작하여 독맥을 타고 백회혈까지 위로 올라가서, 다시 임맥을 따라 회음혈로 내려오면서 순환한다. 신장에 있는 음의 기운인 수기(水氣)가 독맥을 타고 위로 올라가고, 심장에 있는 화기(火氣)가 임맥을 타고 내려오면서 수승화강(水昇火降)이 이루어진다. 수승화강은 몸 아래쪽의 찬 기운이 위로 올라가고, 머리와 가슴쪽의 더운 기운이 아래로 내려오면서 우리 몸의 기운이 음양의 조화를 이루게 한다.

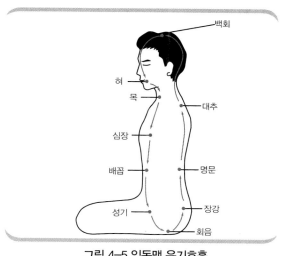

그림 4-5 임독맥 운기호흡

인체의 기 에너지는 폐에서 시작하여 대장, 위장, 비장, 심장, 소장, 방광, 신장, 심포, 삼초, 담, 간의 순서대로 운행한 후 다시 폐 속으로 들어가면서 순환한다. 기 에너지가 우리 몸을 한 바퀴 도는데 걸리는 시간은 약 30~60분이며, 하루 24회 내지 48회 우리 몸을 돌고 있다. 어린 아기와 같이 몸이 부드러울 때는, 개울물이 졸졸 흐르듯 이 막힘이 없이 몸 안을 운행한다. 그러나 성인이 되어 나쁜 생활 습관과 운동 부족으로 몸이 굳어지게 되면 경락이 막혀 기운이 정체된다. 기운이 정체되면 혈이 원활하게 흐르지 못하여 울혈[22]이 생기고, 이 울혈이 다시 기운의 순환을 막아버리는 악순환으로 이어진다.

호흡은 사람이 살아가면서 소진되어 가는 기운을 외부로부터 보충할 뿐만 아니라, 몸속의 기운이 잘 흐르게 운기(運氣)시킬 수도 있다. 호흡을 통해 하단전에 기 에너지가 쌓이면 막혀 있던 임독

22) 몸 안의 장기나 조직에 있는 정맥이나 모세혈관에 피가 괴어 있는 상태를 말하며, 만성적인 혈액의 정체로 일어나는 현상이다.

맥이 저절로 열리는 임독맥자개(任督脈自開) 현상이 일어난다. 호흡
수련이 어느 정도의 수준에 이르러 임독맥이 열린 상태에서, 하단전
에 축적된 기 에너지를 의념을 사용하여 인위적으로 순환시키는 것
이 임독맥 운기호흡이다.

예부터 무예계의 전통적인 호흡에서는 운기를 강하게 할 목적
으로 숨을 정지한 상태에서 임독맥을 운기하였다. 숨을 마신 다음 5초
간 숨을 정지하고 있는 동안에 임독맥을 1회 운기시키면 된다. 숨을
10~20초간 멈출 수 있는 사람은 2~4회 운기할 수도 있다. 운기는 하단
전의 기운을 의식으로 항문에서 시작하여 독맥을 타고 정수리까지 올
렸다가, 임맥을 따라 다시 항문으로 내리면 된다.

보통 사람들이 생활 속에서 운기할 때는 숨을 정지하지 않고
자연스럽게 숨을 쉬면서 운기할 수 있다. 5초간 숨을 마시는 동안
에 의식으로 항문에서 시작하여 독맥을 타고 정수리까지 올렸다가,
임맥을 따라 다시 항문으로 내리면서 한 번 운기시키고, 5초간 숨을
내쉬는 동안에도 같은 요령으로 한 번 운기시키면 된다.

전신 운기호흡

인체의 다리에는 안쪽으로는 비장, 간, 신장의 경락이 흐르
고, 바깥쪽으로는 위장, 담, 방광의 경락이 흐른다. 임독맥 운기호
흡이 상체의 임독맥을 따라 운기시키는 호흡이라면, 전신 운기호흡
은 임독맥은 물론 하반신 양다리의 6대 경락을 따라 동시에 기운을
순환시키는 호흡법이다.

일어선 상태에서 발은 어깨너비만큼 벌린다. 어깨는 힘을 빼

고 손은 편안하게 옆에 둔다. 내면의 시선을 양 발바닥과 머리 꼭대기의 정수리에 둔다. 숨을 마실 때는, 숨결이 양 발바닥의 용천혈로 들어와, 양다리의 내측을 따라 회음혈까지 올라와, 독맥을 타고 머리의 정수리까지 올라오는 것을 상상으로 느껴본다. 숨을 내쉴 때는, 숨결을 정수리에서 임맥을 따라 회음혈까지 내려와, 양다리의 외측을 거쳐 양 발바닥의 용천혈을 통해 땅속으로 내려보낸다. 숨결이 양 발바닥으로부터 정수리까지 전신을 통해 위로 올라갔다가, 다시 아래로 내려오는 리듬 에너지를 느끼면서 숨쉬기를 계속하면 된다. 10~20분간 호흡을 계속하면 우리 몸의 전신의 기운이 시원하게 소통되면서 몸이 가벼워진다.

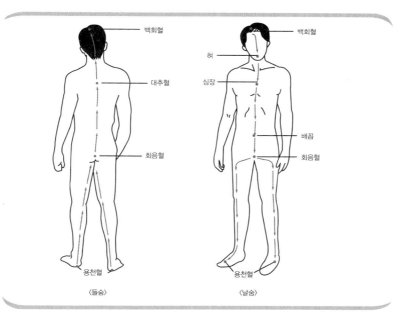

그림 4-6 전신 운기호흡

전신 운기호흡은 하단전에 기 에너지가 충분히 쌓인 후에 한
다. 몸에 기운이 부족한 상태에서 억지로 기운을 운기시키면, 임독
맥이 열리지 않을 뿐만 아니라, 하단전의 기 에너지가 더욱 고갈되
면서 부작용이 생긴다. 적어도 6개월 이상 호흡을 한 후 아랫배에
열감이나 뭉클한 기운이 느껴지는 단계에서 하도록 한다.

운기는 기술보다 마음으로 하는 것이다. 마음이 평화로울 때
는 기운이 자연스럽게 제 갈 길로 운기가 된다. 평화로운 마음이 척
추를 따라 머리로 향하면 맑은 기운도 그곳으로 움직이게 되어 있
다. 마음이 평화롭지 않을 때는 하단전의 기운은 독맥을 따라 올라
가지 않고, 가슴 쪽으로 거꾸로 역행할 수 있다. 기운이 역행하여 가
슴으로 치솟으면 가슴이 답답해지고, 머리까지 치솟으면 얼굴이 화
끈거리고 머리가 무겁고 아프다. 기운의 역행은 이처럼 부작용이 크
다. 그래서 기운이 축적되어 순행할 수 있도록 마음을 더 비우고 낮
추어야 한다.

전신 운기호흡은 우리 몸의 상체에 쌓인 열기가 하체로 내려
가고, 하체에 있는 냉기가 위로 올라가게 되어 체온이 항상 균형을
이루어 몸 안의 냉기와 허한 기운이 없어지면서 모든 병증의 뿌리가
사라지게 한다. 머리는 시원하게 하고 하체는 따뜻하게 하는 우리나
라 전통 주택의 온돌이나 반신욕의 원리가 바로 운기호흡의 원리와
같다. 운기호흡은 각종 스트레스로 인하여 가슴과 머리에 쌓여 있는
열기를 아래로 내릴 수 있어, 우리나라 사람이 많이 가지고 있는 가
슴 열병인 화병을 근원적으로 치료할 수 있다. 손발과 내장 기관을
항상 따뜻하게 함으로서 소화 기능이 향상되고, 체중이 정상화되며,
손끝 발끝까지 힘이 뻗치게 된다.

머리 이완호흡

    양 눈썹 사이의 인당혈을 통해 숨을 쉬면 머리가 이완된다. 머릿속의 복잡한 생각을 털어내고 예민해진 신경을 누그러뜨린다. 스트레스와 긴장으로 가득 찬 직장인들의 마음을 편안하게 해주고 머리를 시원하게 식혀주는 호흡이다.

    앉거나 누운 자세에서 편안하게 숨결을 가다듬는다. 고요한 마음으로 양 눈썹 사이에 온 정신을 집중하여 미세한 기 에너지의 감각을 느껴본다. 기 에너지의 감각이 점점 뚜렷해지기 시작할 것이다. 다음에는, 상상의 힘으로 이 감각을 머리끝 정수리 쪽으로 이동시킨다. 정수리에서 기감을 최대한으로 느껴본 후에 머리 뒤쪽의 두개골 아래로 내린다. 양 눈썹 사이와 정수리 그리고 두개골 아랫부분에서 기 에너지 감각을 느끼는 것이 익숙해지면, 이제 숨을 마시고 내쉬면서 연속적으로 기 에너지가 머릿속에서 움직이는 것을 느껴본다.

    숨을 마실 때는 숨결이 양 눈썹 사이에서 머리 꼭대기 정수리를 거쳐 두개골 아래로 들어오는 것을 느끼고, 숨을 내쉴 때는 반대로 숨결이 두개골 아랫부분에서 정수리를 거쳐 양눈썹 사이로 빠져나가는 것을 상상한다. 들숨과 날숨의 숨결이 머릿속을 들락거리면서 맑고 청정한 기 에너지가 들어오고, 정체되고 예민해진 기운이 밖으로 빠져나가는 모습을 그리면서 호흡한다.

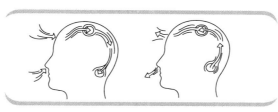

그림 4-7 머리 이완호흡

호흡하기 전에 양 손바닥을 비벼 열기를 내어 얼굴을 부드럽게 마사지해주거나, 양손의 손가락 끝 지문으로 머리의 두피를 툭툭 치면서 머리 전체의 긴장을 풀어주면 기감을 느끼기가 한결 수월하다. 하루의 일과가 끝났을 때 편안한 마음으로 머리 이완호흡을 하면서 머릿속의 긴장을 남김없이 비워보자.

미소 호흡

웃음은 기쁨을 끌어당기고, 부정을 내쫓으며, 병을 기적적으로 치유하는 힘을 갖고 있다. 일부러라도 크게 웃어보면 기분이 좋아진다. 누구나 주위 친구로부터, 심지어 길을 걷다 낯선 사람으로부터 받은 진실한 미소가 얼마나 큰 힘을 발휘하는지 느껴본 적이 있을 것이다. 웃음은 우리의 영혼을 맑게 하고, 생활에 새로운 에너지와 신선한 감각을 가져다준다. 웃음이 엄청난 힘을 발휘한다는 것을 잘 알고 있음에도 정작 우리 자신을 위해 웃는 사람은 그리 많지 않다.

동양의 모든 호흡 수련가는 인체의 각 기관과 조직에 숨결과 함께 내적인 웃음을 전달하면, 꿀과 같은 호르몬을 분비해 몸 전체를 보양한다고 했다. 반면 화를 내거나 스트레스를 받으면 독 있는 호르몬을 분비하고 인체의 에너지 흐름이 막혀 여러 가지 병을 만든다고 했다.

감정이나 기분은 우리 몸의 상태나 행동에 따라 변하므로, 우리 몸의 행동이나 표현을 바꾸면 감정이나 기분도 달라진다. 기뻐서 휘파람을 부는 것이 아니라, 휘파람을 불면 기분이 좋아진다. 웃음도 마찬가지다. 얼굴에 억지로라도 웃음을 떠올리면 기분이 좋아지고 몸 전반적으로 상태가 나아진다. 저절로 나오는 웃음과 의도적인 웃음 사이에는 차이가 있을 것으로 생각하기 쉽다. 그러나 여러 가지 연구 결과를 보면 의도한 웃음도 저절로 나오는 웃음과 같은 효과가 있다고 한다.

우울하거나 부정적인 기분이 들 때, 좋은 이미지를 생각하면서 얼굴에 미소를 떠올리면, 우리 몸은 곧바로 긍정의 반응을 일으킨다. 웃음은 자기의 얼굴과 몸 전체를 열리게 하여 긴장을 덜어준다. 웃음이 가져다주는 깊은 이완의 에너지는 인체의 기혈 흐름을 촉진하여 우리 몸의 전반적인 자연치유력을 높인다. 호흡할 때 우리 몸의 기관이나 조직을 느끼고, 마음의 시선을 집중하여 웃음의 숨결을 불어넣으면, 우리 몸은 웃음에 반응하여 긍정의 방향으로 보답하게 되어 있다.

미소 호흡은 눈을 이완시키는 것부터 시작한다. 호흡에 집중하면서 고요하게 마음을 모은다. 유리잔 속 불순물이 가라앉듯이 긴장과 감정을 내려놓는다. 깊은 호흡을 하면서 몸 전체로 숨을 쉬고 있다는 것을 느껴본다. 자신의 눈에 집중하여 눈동자를 돌리면서 긴장을 풀어준다. 눈은 자율신경 시스템과 이어져 있기 때문에 우리 몸의 각 기관과 호르몬선의 작용을 조절해준다. 눈은 감정적인 신호와 자극을 제일 먼저 받으면서, 스트레스와 위험이 닥치면 각 기관과 호르몬선을 자극하여 자율 반응을 촉진시키고, 위험이 지나가면 자율 반응을 진정시킨다. 단순히 눈을 편안하게 하는 것만으로도 몸 전체를 이완시켜 몸속 에너지를 잘 흐르게 할 수 있다.

눈을 편안하게 이완시킨 후, 이러한 이완의 편안함이 얼굴 전체로 번지게 한다. 두개골과 턱의 뼛속까지 깊숙이 퍼지게 한다. 자

기가 돌보거나 사랑하는 사람이 당신을 향해 미소를 보내는 장면을
상상해보자. 과거 자신을 웃게 한 재미나는 장면을 떠올려도 좋다.
단순한 조크도 좋고, 만화도 좋다. 그 미소가 당신 속으로 들어오게
하고, 당신도 상대에게 미소를 보낸다. 그러면 눈과 얼굴이 점점 더
편안해질 것이다. 자신을 웃게 하는 이미지를 떠올리기 어려우면,
그냥 일부러 웃어라. 입가를 약간 당기고 양쪽의 볼을 올리기만 하
면 된다.

숨을 마실 때는 숨결이 미소를 머금은 눈과 얼굴을 통해 우리
몸에 들어오도록 하라. 당신의 미소가 숨결을 어떻게 변화시키는지
도 느껴보라. 당신의 미소가 호흡을 더욱 깊고 잔잔하게 만들 것이
다. 이런 방법으로 계속 웃음으로 숨결을 받아들이면, 입에 침이 고
인다. 이것은 좋은 신호다. 이 침은 단침이라고 하는데, 우주의 기
에너지가 녹아있는 자연의 감로수다. 선가에서는 이 단침이야말로
보약 중의 최고 보약이라 한다. 단침을 입안에 충분히 모아, 몇 번
휘두른 후에 조금씩 나누어 삼킨다. 단침을 삼킬 때마다 미소를 머
금은 숨결도 단침을 따라 몸 아래로 내려가게 한다. 그리고 온몸에
퍼져가는 모습을 그려본다.

내장기관에도 미소의 숨결을 보낸다. 눈과 얼굴에 머무는 미
소가 서서히 안으로 흐르게 하라. 턱과 목을 거쳐 가슴 가운데 있는
심장 쪽으로 내려오게 한다. 심장의 박동 소리에 귀를 기울이면서
미소의 숨결을 계속 불어넣으면 심장이 편안해진다. 가슴 양쪽에 있
는 폐로 옮겨간다. 숨결의 리듬에 따라 팽창하고 수축하는 폐의 모
습을 느끼면서 조용히 미소를 보낸다. 오른쪽 갈비뼈 아래에 있는
간에게도 내면의 시선을 보낸다. 긴장과 피로로 경직된 간이 미소의
숨결을 받아 부드럽게 변하는 모습을 느껴보자. 위장, 대장, 신장 등

모든 내장 기관에 번갈아 가면서 미소의 숨결을 보낸다. 내장 기관의 긴장이 해소되면서 기 에너지가 충만함을 느낄 수 있을 것이다.

그림 4-8 미소 호흡

　　미소 호흡의 목적은 자동으로 무조건 웃으라는 것은 아니다. 자신의 몸속에 있는 불필요한 긴장이나 경직 때문에 막혀있던 에너지를 해방시켜 잘 흐르도록 도와주는 데 있다. 미소 호흡을 하는 동안에는 자신의 얼굴에 미소를 계속 유지하는 것이 중요하다. 일상생활 속에서 스트레스와 갈등을 받고 있을 때일수록 미소 호흡을 통해 미소 인간이 되기 바란다.

잃어버린 '지금' 찾기

　　신이 인간에게 내려준 금이 세 가지가 있다. 황금과 소금 그리고 지금이다. 이 가운데 가장 소중한 것이 바로 '지금'이다. 지금

이야말로 우리가 진정으로 존재하는 순간이다. 삶이란 순간순간의 지금을 이어온 자취다. 지금의 궤적이 없다면 삶 그 자체도 존재할 수 없다. 지금 이 순간의 소중함을 느낄 수 있어야 가치 있는 삶을 엮을 수 있다. 과거는 지나버린 환상에 불과하고, 미래는 아직 도래하지 않은 허상이다. 우리가 손으로 잡을 수 있고, 경험할 수 있고, 느낄 수 있는 유일한 실존의 시간은 지금밖에 없다.

　　사람들 대부분은 지금 이 순간의 중요성을 잊은 채, 이미 흘러간 과거에 집착하고, 다가오지 않은 미래에 모든 것을 걸고 살아간다. 과거와 미래에 함몰되어 지금을 놓쳐버리면 삶의 중요한 것을 포기한 채 살아가는 것이나 다름없다. 지금 이 순간을 찾는 것이야말로 바로 자신의 인생을 찾는 것이다.

　　숨을 깊고 길게 쉬면서 호흡을 진지하게 받아들이면, 육체적, 정신적 건강을 뛰어넘어 형이상학적인 차원과 영적인 영역에 이르기까지 많은 변화를 경험한다. 그중에서도 숨결의 흐름을 지켜보면서 순간순간을 자각할 수 있다는 것이 가장 큰 변화다. 숨결을 느낀다는 것은 살아가는 삶의 중심을 과거와 미래로부터 현재로 이동시켜 자신을 진지하게 바라보는 것이다.

　　일상에서 일어나는 스트레스와 불안은 우리의 호흡을 얕고 빠르게 만든다. 이러한 나쁜 호흡은 또다시 우리들의 생명력을 고갈시키고, 마음을 조급하게 만드는 악순환을 일으킨다. 이러한 악순환의 딜레마로부터 빠져나오는 방법은 숨을 깊게 천천히 쉬면서 지금의 순간을 자각하면서 감사하게 생각하는 것이다.

　　잠자리에 들거나 일어나기 전 잠깐만이라도 호흡명상에 젖어보자. 누운 채로 마음을 고요하게 가다듬고, 쉼 없이 뛰고 있는 자신의 심장 박동 소리에 귀 기울여 보자. 가슴 부위가 시원해지면서 얼음이 녹아내리듯 긴장이 풀어질 것이다. 숨을 마시면서 마음속으로 '내가 존재하는구나.'라고 말하고, 숨을 내쉴 때는 '지금'이라고 읊조린다. 이 말이 심장으로부터 울려 퍼져 온몸에 공명하게 하라. 지금 이 순간에 살아 있음을 느끼고 감사하게 생각하라. 그리고 자신이 존재하는 시간과 공간을 얼마나 확장할 수 있는지도 느껴보라. 숨을 깊게 천천히 마실수록, 지금 이 순간에 대한 자각도 그만큼 깊고 길어진다. 숨을 충분히 내쉰 다음 자연스럽게 찾아오는 '숨 정지'도 느껴보자. 어떤 인위적인 노력을 하지 말고, 그냥 떠오르는 느낌을 있는 그대로 즐기기만 하면 된다.

호흡 명상에는 따로 시간이 필요하지 않다. 일상에서 틈날 때마다 숨을 마시고 내쉬면서 자신의 심장을 향해 '내가 존재하는구나.', '지금'을 말하기만 하면 된다. 호흡명상의 습관이 길러지면 자신의 존재감에 무한한 감사를 느낄 수 있고, 일상의 스트레스를 긍정의 에너지로 바꾸는 힘도 생긴다.

'참나'를 찾는 내면의 여행

사람은 영적인 존재이므로 살아가면서 '내가 누구인가?', '어디로부터 와서 어디로 가는가?'라는 궁극적인 질문에 부딪혀보지 않은 사람은 없을 것이다. 경제적인 풍요 속에서 겉으로는 여유 있고 행복해 보이는 현대인들이지만, 내면으로는 항상 '진정한 참나'에 대한 굶주림을 겪고 있다. 심리학자 머슬로우(A.H.Maslow)의 욕구 계층 이론에 따르면, 인간은 제일 먼저 생리적 욕구와 안전을 추구하고, 이것이 충족되면 조직에 대한 소속감과 타인으로부터의 존경을 받으려는 욕구를 가진다. 이러한 욕구가 모두 충족되면, 마지막으로 진정한 자신인 '참나'를 발견하려는 욕구를 갖게 된다고 한다.

숨결에 집중하면 마음이 자연스럽게 내적으로 수렴되기 때문에 형이상학적 차원, 즉 영혼과 미지의 세계에 눈을 뜨게 되어 자기의 참모습에 대한 성찰이 가능하다. 호흡 삼매에 빠져 자기 자신을 완전히 놓아버리고 내면 깊숙한 곳에 자리 잡고 있는 미지의 차원에서 진정한 자기를 발견하였을 때, 우리는 비로소 어느 것에도 걸림이 없는 완전한 자유를 누릴 수 있다.

온몸의 긴장을 내리고 눈을 지그시 감은 채 자기의 숨결의 흐름을 지켜본다. 자기 자신의 존재에 대하여 감사의 미소를 보내면서 마음을 아래로 내리면, 고요 속에 침묵이 싹트기 시작한다. 침묵이 점점 커지고, 일상 속의 잡념이 침묵 속으로 함몰되면서, 마음이 텅 빈 허공으로 변하게 된다.

상단전에 집중하여 이마를 통해 하늘의 기운이 들어오고 나가는 것을 느껴본다. 그리고 조용하게 '내가 누구인지?'를 물어보자. 어떤 특정한 대답을 미리 생각하지 말고, 단지 묻기만 한다. 침묵으로부터 나오는 대답이나 떠오르는 생각들을 그냥 지켜보면서 놓아 버린다.

이제 중단전으로 이동하여 심장에 마음을 집중한다. 심장을 통해 숨결을 마시고 내쉬면서 쉼 없이 뛰고 있는 박동 소리에 귀를 기울인다. 생명의 소리에 무한한 감사를 보내면서 당신이 살아있다는 존재를 의식하라. 심장에 잔잔한 미소를 보내면서 '내가 누구인가?'를 물어보자. 당신의 질문이 심장 속에서 울려 퍼지게 하라. 몸 전체에서 일어나는 생명의 율동을 느끼면서 숨을 마실 때는 몸이 열리고, 숨을 내쉴 때는 닫히는 것을 느껴보라. 몸 전체로 숨을 쉬면서 침묵의 허공에 '내가 누구인가?'를 다시 반복해서 물어본다. 이 질문이 몸 전체의 모든 세포에 공명하게 하라.

숨을 내쉬고 마시는 사이에 일어나는 잠깐 동안의 숨 정지에도 집중한다. 숨을 내쉰 후에 찾아오는 자연스러운 숨 정지는 우리 몸이 완전히 이완되어 휴식을 가지는 순간이다. 이 숨 정지야말로 우리들의 내적 깊숙이 존재하는 무한한 침묵 속으로 들어가는 관문이다. 이 침묵의 공간 속에서 '내가 누구인가?'에 대한 새로운 차원의 답을 들을 수도 있다.

호흡할 때마다 숨 정지가 일종의 성스러운 휴식의 공간이 되게 하라. 이 공간 속에서 여러분의 에고와 이기심을 내던져버리고 순수 의식을 경험할 수 있게 하라. 여러분이 진정한 고향으로 돌아갈 수 있는 것은 바로 여기이다. 숨 정지의 공간에서 일어나는 순수 의식과 하나가 되어 여러분 자신의 생명의 기적을 느껴보기 바란다. 자신의 존재에 대한 신비에 서서히 눈을 뜨기 시작하면서 여러분은 환희의 미소를 띠게 될 것이다.

보행 명상

걷기는 인간의 활동 중에서 가장 많이 일어나는 기본적인 행동이다. 걷기를 통해 어떤 장소로 이동할 수도 있고, 기분 전환도 할 수 있고, 긴장도 풀 수 있으며, 사색도 할 수 있다. 때로는 특별한 이유도 없이 그저 좋을 것 같아서 걷기도 한다. 걸으면 건강에 좋다는 것은 누구나 잘 알고 있다. 그러나 어떻게 걸을 것인가에 대하여 생각을 하는 사람은 그리 많지 않다. 사람들에게 어떻게 걷느냐고 물으면, 대부분의 사람은 이 질문에 당황하게 된다. 걸어서 가고 싶은 데 갈 수 있고, 적당한 운동을 할 수 있으면 그만이지, 어떻게 걷느냐가 왜 중요한지를 반문할 것이다. 단순한 목적의 관점에서 본다면, 어떻게 걸을 것인가는 그리 큰 문제가 되지 않는다. 그러나 우리의 전체적인 건강과 행복의 견지에서 바라볼 때는, 어떻게 걷느냐는 대단히 중요하다.

걷기에 있어 제일 중요한 것은 여러분 자신에게 시선을 돌리는 것이다. 걸을 때 기분이 어떤지? 걸어가는 진정한 이유는 무엇인지? 매 발걸음과 호흡을 느끼고 즐기고 있는지? 여러분의 팔이 발과 반대 방향으로 앞뒤로 편안하고 자연스럽게 움직이는지를 보면서, 그것이 여러분의 호흡에 어떤 영향을 미치는지도 느껴본다. 어깨와 목에 있는 긴장이나 다른 사람에 대한 편견과 선입관 때문에 팔의 움직임이 제한받고 있지 않은지도 관찰한다.

여러분의 발에도 시선을 돌려보자. 발이 땅에 닿거나 떨어지는 순간을 느낄 수 있는지? 여러분의 발이 편안하게 이완되어 있는지? 발걸음이 부드러운지? 발꿈치가 먼저 닿는지, 발의 볼이 먼저 닿는지? 팔과 골반을 자연스럽게 움직이면서 부드럽게 구르는 동작으로 걸을 수 있다면, 온몸의 긴장이 풀리면서 여러분의 발걸음이 한결 가볍게 느껴질 것이다.

이제 걸어가면서 당신의 호흡에 집중하도록 한다. 아랫배로 숨을 쉬면서 숨결이 들어오고 나가는 것을 느껴본다. 호흡이 여러분의 몸 어디에서 일어나는지 관찰한다. 발에서? 배에서? 가슴에서? 또는 목구멍에서? 몸의 긴장을 풀고 편안하게 걸어갈 수 있을 때, 숨결이 몸 전체로 깊숙이 파고들면서 세포들이 생명의 환희에 젖어 기뻐할 것이다. 걸어갈 때는 자신의 에너지 장을 만들어 그 속에서 걸어가고 있다는 느낌을 가져라. 이러한 느낌을 갖기 위해서는, 여러분의 몸이 우주 전체와 교류하고 있다는 의식의 확장이 필요하다. 여러분의 몸을 둘러싸고 있으면서 여러분과 교류하고 있는 커다란 에너지 장과 하나가 되어 에너지를 마시고 내보내면서 걸어보라. 걷는 것 자체가 기쁨이 되기 때문에 아무리 걸어도 피로하지 않을 것이다.

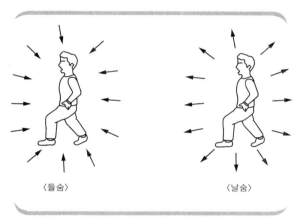

〈들숨〉   〈날숨〉

그림 4-9 보행 명상

보행 명상은 우리 속에서 살아 움직이는 우주의 생명력을 직접 경험할 수 있게 한다. 한 걸음 한 걸음이 시공의 여정 속에서 펼쳐지는 자신과 새로운 세상과의 만남이요, 진정한 본래의 고향으로 돌아오는 순간이다.

삼단전 통일호흡

삼단전 통일호흡은 우리 몸의 호흡 공간인 하단전, 중단전, 상단전으로 동시에 숨결을 받아들이면서 몸 전체로 하는 호흡이다. 하단전에서부터 중단전과 상단전으로 차례대로 기 에너지의 감각을 느껴본 후, 삼단전에서 동시에 숨결을 받아들이고 내보내면서 호흡한다. 삼단전 통일호흡은 온몸으로 숨을 쉬는 고차원적인 호흡이므로 어느 정도 기감을 느낄 수 있는 단계에서 가능하다.

편안한 자세로 마음을 고요하게 만들어 자신의 숨결을 응시한다. 주위에 방해받지 않고 자신의 숨결의 흐름을 따라갈 수 있을 정도로 집중이 되면, 먼저 아랫배에 집중하여 하단전이 얼마나 열리고 닫히는지 느껴본다. 처음에는 미세한 기감이 느껴질 것이다. 이러한 기감을 계속 키워 숨을 쉴 때 팽창하고 수축하는 것을 리듬감 있게 느껴본다. 깊은 휴식 상태로 호흡에 몰입하면 숨은 점점 더 깊고 고요해진다.

하단전에서 기감을 키운 다음에는 서서히 의식을 중단전으로 옮긴다. 하단전에서와 마찬가지로 중단전이 들숨과 날숨에 따라 얼마나 열리고 닫히는지 느끼면서 기감을 만들어간다. 가슴 부위에서 팽창하고 수축하는 기 에너지의 율동을 느끼면서 호흡 삼매에 빠져보자.

중단전에서 충분한 기감을 만든 후에는 상단전으로 시선을 돌린다. 상단전에 마음을 두면 이마와 양쪽 눈 부위에 편안함이 몰려오면서 긴장이 해소되는 듯한 기분을 느낄 수 있다. 상단전을 통해 숨결을 받아들이고 내보내면서 미세한 기감을 점점 키워 기 에너지 덩어리를 만든다. '상단전으로 어떻게 숨을 쉴 수 있을까?' 하는 부정적인 생각은 버린다. 할 수 있다는 강한 긍정의 에너지가 필요하다. 이런 요령으로 하단전에서 시작하여 중단전, 상단전까지 차례대로 기 에너지의 감각을 느껴보는 것이 삼단전 통일호흡을 위한 준비 단계이다.

삼단전 통일호흡의 준비 단계를 몸에 충분히 익힌 후에는, 본격적으로 삼단전을 통일하여 동시에 호흡하는 것을 연습할 수 있다. 먼저 하단전에서 기 에너지가 팽창하고 수축하는 것을 느끼고 있는 상태에서, 의식의 일부를 중단전으로 보내, 하단전과 중단전에서 동시에 기 에너지의 율동을 느낀다. 이것이 가능하면 의식을 상단전까지 확장하여 삼단전을 통일하여 동시에 기 에너지가 팽창하고 수축하는 것을 느끼면서 호흡하면 된다. 의식을 삼단전 부위에 나누어 호흡하므로 고도의 집중력과 많은 훈련이 필요하다.

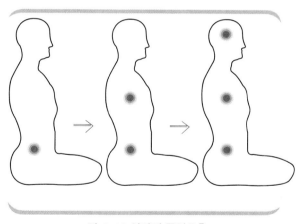

그림 4-10 삼단전 통일호흡

삼단전 통일호흡은 온몸으로 숨을 쉬면서 우주와 숨결을 주고받는 것이다. 깊은 내면 속으로 귀를 기울이면서 자신이 전체와 연결되어 있음을 자각하고, 좁은 자아의 틀에서 벗어나 더욱 완전한

'참 자아'로 나아가게 한다.

Summaries

❖ 자신에게 가장 잘 맞는 호흡을 찾아 이를 발전시켜 나가는 것은 결국 자신의 몫이다. 자기다움이 배어있는 호흡이 최고의 호흡이요, 최고의 호흡 지도자는 바로 자기 자신이다.

❖ 호흡을 할 때 우리 몸의 기관이나 조직을 느끼고, 마음의 시선을 집중하여 웃음의 숨결을 불어넣으면, 우리 몸은 웃음에 반응하여 긍정적인 방향으로 보답하게 되어 있다.

❖ 지금이야말로 우리가 진정으로 존재하는 순간이다. 삶이란 순간순간의 지금을 이어온 자취이다. 지금의 궤적이 없다면 삶 그 자체도 존재할 수 없다. 지금 이 순간의 소중함을 느낄 수 있어야 가치 있는 삶을 엮을 수 있다.

❖ 호흡 삼매에 빠져 자기 자신을 완전히 놓아버리고 내면 깊숙한 곳에 자리 잡고 있는 미지의 차원에서 진정한 자기를 발견하였을 때, 우리는 비로소 어느 것에도 걸림이 없는 완전한 자유를 누릴 수 있다.

❖ 호흡할 때마다 숨 정지가 일종의 성스러운 휴식의 공간이 되게 하라. 이 공간 속에서 여러분의 에고와 이기심을 내던져버리고 순수 의식을 경험할 수 있게 하라. 여러분이 진정한 고향으로 돌아갈 수 있는 것은 바로 여기이다.

❖ 보행 명상은 우리 속에서 살아 움직이는 우주의 생명력을 직접 경험할 수 있게 한다. 한 걸음 한 걸음이 시공의 여정 속에서 펼쳐지는 자신과 새로운 세상과의 만남이요, 진정한 본래의 고향으로 돌아오는 순간이다.

❖ 삼단전 통일호흡은 온몸으로 숨을 쉬면서 우주와 숨결을 주고받는 것이다. 깊은 내면으로 귀를 기울이면서 자신이 전체와 연결되어 있음을 자각하고, 좁은 자아의 틀에서 벗어나 더욱 완전한 '참 자아'로 나아가게 한다.

생명의 에너지로 가득 차게 될 몸

이 책을 통해서 바른숨이 여러분의 몸에 습관이 될 때, 여러분의 몸은 생명의 에너지로 가득 차게 되어, 활력이 넘치고, 우아해지며, 얼굴에 광채를 발하면서 행복을 느낄 것이다.

호흡을 배우는 것은 자전거 타기를 배우는 것과 같다. 여러분이 호흡하는 방법을 알게 되면, 그것은 일생 동안 여러분의 것이 된다. 완벽한 노력만이 완벽을 만든다. 일단 호흡의 끈을 잡은 이상 여러분이 하는 일상의 모든 일에 바른숨을 응용하기 바란다.

바른숨을 기본으로 하여 여러분 자신의 호흡을 다양하게 만들어 가는 것도 의미가 크다. 기본적인 테크닉을 마스터하면 창조는 끝없이 이루어지는 법이다. 그것을 가지고 삶을 즐길 줄 알고, 또 다른 사람에게도 나누어주는 여유가 있다면 더욱 멋진 일이다.

이 책을 준비하는 동안 필자는 줄곧 샘솟는 열정을 느끼면서 한없이 행복했다. 명상 속에서 줄거리를 구상했고, 숨결과 함께 어휘를 찾았으며, 풀리지 않는 것은 우주에 매달렸다. 내가 할 수 있는 것은 다 했다고 생각한다. 그래도 부족한 것은 나의 본래적인 한계일 것이다.

인도의 시인 타고르의 말이 떠오른다. "죽음의 신이 당신의 문을 두드릴 때에 당신은 광주리 속에 무엇을 담아 죽음의 신 앞에 내어 놓겠느냐?" 우리는 뭔가를 인류에 더하고, 세상을 가치 있게 만들려고 태어났다. '어제'보다 더 크고 나은 존재가 되기 위해 '오늘'을 살고 있고, 오늘 경험한 모든 일과 지나간 순간은 바로 '내일'을 위한 준비이다. 진정 당신은 누구이며, 앞으로 무엇을 할 것인가? 그것은 이제부터 시작이다. 이 책이 도움이 되었으면 좋겠다.

◈ 참고문헌 ◈

-용호비결, 노자전기, 천부경, 삼일신고, 참전계경, 황제내경, 동의
 보감
-강진원, 알기쉬운 역의 원리, 정신세계사, 2003
-김국성, 한국기공의 이론과 실제, 단, 1999
-김성환, 덕당 국선도 단전호흡법, 덕당, 2004
-김현원, 첨단과학으로 밝히는 기의 세계, 서지원, 2002
-방건웅, 기가 세상을 움직인다 1·2·3, 예인, 2005
-신문균외 5인, 인체해부학(Human Anatomy), 현문사, 1998
-유인탁, 단전수련의 길잡이, 초록배매직스, 2002
-윤한홍, 기치유와 기공수련, 가림, 2001
-이규행, 행복한 기수련, 백암, 2002
-이명복, 생활기공, 2003
-이성권, 기적을 부르는 생각치유법, 건강다이제스트, 2005
-이성환, 김기현, 주역의 과학과 도, 정신세계사, 2005
-임경택, 숨 쉬는 이야기, 명상, 1999
-정진명, 사람의 숨쉬기, 백산서당, 2002
-정통침뜸연구소, 경락경혈학, 2002
-하루야마시게오, 뇌내혁명, 사람과 책, 2001
-허경무, 국선도 강해, 밝문화연구소, 2002
-황풍, 수련요결, 석문, 2000

—Dennis Lewis, Free your breath, Free your life, 2004

—Dennis Lewis, The TAO of natural breathing, 2006

—Nancy zi, The art of breath, 2000

—Rhonda Byrne, the Secret, 2007

—Rick Warren, The Purpose Driven Life, 2003